동물의 행복이
너무 멀어

다정한 하루 **3**_동물권

동물의 행복이
너무 멀어

글 김지숙 ★ 그림 원혜진

다정한시민

차례

프롤로그 6

⭐ 동물원을 좋아하나요?
세로는 왜 동물원을 탈출했을까? 12
탈출의 원인은 다른 데 있다 15
동물원은 어떤 곳일까? 18
푸바오와 바람이의 동물원 21
● 동물 만지기, 먹이 주기 이제 그만 27

⭐ 자연이 집인 동물들에게 기후 변화란?
북극곰은 어쩌다 새알을 훔치게 됐나? 30
'남자 친구' 찾기 힘들어진 바다거북 34
기후 재난에 희생당하는 동물들 36
고래의 똥을 지켜라 40
● 작은 실천이 기후 위기를 막아요 43

⭐ '고기'로 태어나는 동물은 없다
살아남은 아기 돼지 새벽이 46
갈 곳 없는 새벽이에게 집이 생기다 49
다른 삶을 사는 꽃풀소들 51
돼지들의 '마지막'을 지키며 54
완벽한 채식보다 더 많은 채식을! 56
● 채식으로 동물과 환경을 보호해요 61

⭐ 가족, 친구, 짝꿍이 된 동물들
그 많은 동물은 어디서 왔을까? 64
사지 말고 입양하자, 왜? 69
버려지는 동물은 왜 계속 늘어날까? 73
● 유기 동물에게 더 많은 관심이 필요해요 77

⭐ 인간을 위해 달리고, 싸우고, 죽어 가다
드라마를 촬영하고 죽은 경주마 까미 80
경마와 소싸움, 뭐가 문제일까? 83
실험 토끼 〈랄프를 구해 줘〉 88
● 동물을 놀리고 괴롭히는 유튜브 영상은 '싫어요' 93

⭐ 동물에게도 권리가 있다고?
동물도 고통을 느끼는 생명이야 96
돌고래 생태 법인이란? 100
● 동물에게 도움이 되는 정책과 제도를 응원해요 109

★ 저, 질문 있어요!
길고양이에게 밥을 주면 민폐일까요? 112
동물에게 알맞은 환경을 어떻게 아나요? 117
동물 실험을 모두 없애 버리면 안 되나요? 122
동물을 물건으로 취급한다고요? 127
동물이 행복한 세상이 올까요? 131

프롤로그

우리는 동물을 제대로 사랑하고 있을까요?

어린이들은 동물을 참 좋아합니다. 개나 고양이는 물론이고, 파충류와 새, 곤충 심지어 이제는 멸종해 만날 수 없는 공룡까지도 사랑합니다. 내가 아닌 다른 생명체에 호기심을 느끼고 가까이 하고 싶고, 가능하다면 만지고 키우고 싶은 바람은 어린이뿐 아니라 우리 인간들에겐 공통된 욕망이기도 합니다.

그런데 과연 우리는 동물을 제대로 알고, 아끼고, 사랑하고 있을까요? 신문사 동물 전문 기자가 되어 동물과 환경, 생태계에 대해 생각해 보기 전까지 저는 동물과 인간의 관계에 대해 진지하게 고민해 본 일이 거의 없었습니다. 어려서부터 개나 고양이를 좋아하긴 했지만 아무런 조건 없이 나를 따르고 반기는 '귀여운 동물'이 그냥 친숙했던 것 같습니다.

그러다 30대가 훌쩍 넘은 어느 날, 동물들을 만나 취재하며 생각과 시각에 변화가 차츰 일어났습니다. 동물원의 동물들은 모두 어디에서 온 것인지, 똑똑한 돌고래는 어떻게 수족관에 갇혀 쇼를 하게 된 것인지, 개와 고양이는 가족처럼 기르면서 왜 수많은 농장 동물은 좁은 사육장에서 평생을 지내야 하는지…. 관심을 갖고 보면 볼수록 수많은 동물이 사람들의 목적에 따라 고통받거나 착취당하는 점이 보였습니다.

그제야 더 특별하게 보였던 것이 바로 어린이들의 동물 사랑이었습니다. 이제 5살, 6살이 된 제 조카들은 토끼와 고양이를 열렬히 사랑합니다. 아이들이 그리는 모든 그림의 주인공은 토끼일 정도고, 함께 사는 고양이를 아주 좋아하죠.

흥미로운 것은 어린이 친구들이 좋아하는 동물이 '털북숭이 친구들'뿐이 아니란 점입니다. 어린이들은 길가에서 만난 애벌레, 잠자리, 매미만 봐도 신기해하며 소리를 지릅니다. 곤충뿐이 아니죠. 얼마 전 해수욕장에 갔을 때 보니, 어린이들은 누구나 할 것

없이 뜰채와 조그만 물통을 들고 물고기 잡기에 바빴습니다. 어린이들이 이렇게 동물을 보고 좋아하는 모습은 동물원에서도 쉽게 볼 수 있습니다.

그러나 안타까운 점은 이렇게 순수한 호기심과 애정이 동물에게 제대로 전달되지 않을 때가 많다는 것입니다. 곤충에게 관심을 갖기 시작한 조카는 자꾸 여러 곤충을 집에서 키우고 싶어합니다. 물고기를 신기해하던 바닷가의 어린이는 작은 물고기들을 잔뜩 잡아 좁은 수조에 가둬 둡니다. 동물원이나 교외의 농장을 찾은 어린이들은 동물을 만지거나 먹이를 줍니다.

야생에 살던 동물들이 인간에 의해 갇혔을 때, 동물들은 얼마나 건강하고 행복할 수 있을까요? 전시와 체험을 위해 길러지는 동물원의 동물들은 과연 제 본성대로 생활할 수 있을까요? 동물을 사랑하는 어린이의 마음에는 아무런 잘못이 없습니다. 그래서 같이 생각해 보는 기회를 갖고 싶었습니다. 어린이뿐 아니라 저를 포함한 많은 어른이 동물의 행복에 대해 진지하게 생각한 시간은 그리 길지 않았던 것 같아요.

동물의 복지 그리고 권리를 지킨다는 것은 어떤 걸까요? 우리와는 말이 통하지 않는 동물들을 배려하고 다정하게 대하는 방법은 뭘까요? 나태주 시인의 시 '풀꽃'은 동물을 대할 때도 훌륭한 지침이 됩니다. "자세히 보아야 예쁘다. 오래 보아야 사랑스럽다. 너도 그렇다."

지금부터 동물이라는, 한 단어로는 모두 아우르기 힘든, 다양하고 신비하며, 사랑스러운 생명체들에 대해 오래 자세히 함께 알아봅시다.

1 동물원을 좋아하나요?

세로는 왜 동물원을 탈출했을까?

'세로'는 얼룩말입니다. 서울 광진구의 어린이대공원이 세로의 보금자리입니다. 2019년 6월 이곳에서 태어났다고 하니, 아직 어린 수컷 말인 셈이죠. 아프리카 야생에 사는 얼룩말들은 평균 20~25살까지 산다고 해요.

동물원에 살던 '청소년 얼룩말' 세로는 지난 2023년 3월 그야말로 '스타'가 됐어요. 스스로 동물원의 나무 울타리를 부수고 나와 서울 도심을 3시간 동안 누볐거든요. 당시 세로의 모습을 전한 뉴스를 보면 세로는 차들과 함께 도로를 달리기도 하고, 길을 잃은 사람처럼 골목길 이곳저곳을 뛰어다니기도 합니다. 자연 다큐멘터리에서나 볼 법한 얼룩말이 도심 도로와 주택가에 나타나자 시민들도 깜짝 놀랐죠.

세로는 혼란스러운 듯 광진구 곳곳을 헤매다가 결국 마취총을 맞고 동물원으로 돌아갔습니다. 다행히 동물원 사육사와 경찰, 119 구조대의 합동 작전으로 사고를 당하거나 다치지 않고 무사히 돌아갈 수 있었습니다.

세로는 어째서 동물원을 탈출했을까요? 이후 동물원 유튜브 채

널을 통해 세로의 사연이 전해졌습니다. 서울어린이대공원 초식동물 마을에 살던 세로는 농눌원에서 태어나 자랐습니다. 그런데 2021년과 2022년 연이어 부모 얼룩말이 세상을 떠났다고 해요.

엄마, 아빠가 세상을 떠났으니 혼자 외롭고 심심했던 걸까요? 다른 친구를 찾아 뛰쳐나온 걸까요? 동물원이 싫었을까요? 그럴 수도 있겠죠.

그렇지만 우리가 동물의 마음을 정확히 알긴 어렵습니다. 그럼 세로의 에피소드는 일단 미뤄 두고, 다른 '탈출 시선'을 살펴보면서 동물들이 울타리를 넘은 이유에 대해 생각해 볼까요?

사실 어딘가에 갇혀 있던 동물이 세로처럼 밖으로 나오는 일은 그리 낯설지 않습니다. 한 해에 두어 번씩은 일어나는 사건이기 때문이지요. 세로가 동물원을 빠져나온 2023년 한 해에만 침팬지 '루디', 사자 '사순이'가 사육장에서 탈출하는 일이 있었습니다. 2024년 4월엔 경기 성남의 생태 체험장에서 타조 '타돌이'가 사육장을 탈출해 도로를 달리는 소동이 있었고요.

동물원이 아니더라도 웅담 채취를 위해 키워지는 반달가슴곰이 농장을 벗어났다는 소식도 잊을 만하면 한 번씩 전해지는 뉴스입니다.

우리는 이러한 '동물 탈출'을 이야기할 때 자연스레 인간의 입장에서 동물을 이해하려고 합니다. 세로가 부모를 잃고 상심해 반항한 것이라는 해석을 내놓거나 타조 타돌이의 탈출 한 달 전, 함께 지내던 또래 암컷이 죽었다는 사실을 집중 조명하는 것이 바로 그런 예입니다.

제한된 공간에서 사는 동물에게 함께 지내던 누군가가 사라지는 것은 분명 엄청난 스트레스입니다. 그렇다고 해서 "동물의 탈출 원인은 가족의 죽음이나 불안"이라고 하면 굉장히 근본적이고 중요한 사실을 놓치게 됩니다.

동물이 밖으로 나오게 된 근본적인 원인은 사육장의 울타리가 낡거나 부실해서 혹은 사육장을 빠져나갈 만한 상황이 생겼기 때문입니다. 우리가 동물의 심리나 행동의 이유를 헤아리기는 어렵지만, 이 사실은 아주 간단합니다.

탈출의 원인은 다른 데 있다

실제로 세로의 탈출 사건 이후 서울시에서 어린이대공원의 시설을 점검했는데요, 세로가 살던 사육장의 울타리는 설치한 지 13년이 넘어 낡은 상태였다고 해요. 경북 고령의 한 사설 목장을 탈출했던 사자 사순이가 지내던 철창 또한 최소한의 기준만을 갖춘 열악한 환경이었고요. 타조 타돌이가 지내던 경기 성남의 생태 체험장 사육장도 비닐하우스 안에 쇠파이프 울타리를 친 허술한 형태였습니다.

드넓은 야생에서 자유롭게 살아야 할 동물들이 답답했기 때문에 벌어진 일이 아니냐고요. 물론 그럴 겁니다. 오랜 세월 이 동물들의 조상은 자연에 적응하며 그들의 생활 방식대로 살아왔고, 이들의 유전자에는 해당 종만의 고유한 생태가 고스란히 남아 있을 테니까요. 좁은 사육장이 만족스러울 리 없겠지요.

그러나 우리가 동물의 심리나 마음 상태보다 관리 부실에 좀 더 집중해야 하는 이유는 하나입니다. 동물원과 농장에서 살던 동물들이 그곳을 빠져나왔을 때, 가장 위험해지는 것이 바로 동물 자신이라는 점입니다.

앞서 살펴본 동물들 가운데 세로와 타돌이는 다행히 마취총으로 잡힌 뒤 건강상 큰 문제 없이 깨어나 살던 곳으로 보내졌습니다. 사자 사순이와 침팬지 루디, 반달가슴곰 사육 농장의 곰들은 달랐습니다. 힘이 센 이 친구들은 사람들을 위험에 빠뜨릴 여지가 있다면서 현장에서 사살당하거나 마취총을 맞은 뒤 깨어나지 못했습니다.

사육장을 빠져나온 동물들은 낯선 환경에 겁을 집어먹고 흥분하거나 어찌할 줄 몰라 합니다. "있던 곳으로 다시 데려다줄게."라고 말해 줄 수도 없으니 자신을 잡으려 하는 사람들을 피할 수밖에 없겠죠. 그렇기에 애초에 탈출 사고가 일어나지 않도록 세심한 관리가 필요한 것입니다.

동물원을 더 잘 관리해야 한다고 말하면 한편에서는 "그럼 동물들을 더 철저히 가두라는 말이냐?"면서 동물들이 불쌍하다고 합니다. 동물의 자유와 행복을 바라는 친구들에게도 이 이야기는 썩 마음에 들지 않을 수 있습니다. 실제로 세로와 타돌이의 탈출을 보며 해방감을 느꼈다고 하는 사람들도 있었어요. 누구나 한 번쯤은 평범한 일상에서 모험을 떠나는 상상을 하기 마련이니까요.

그런데 동물들의 입장은 어떨까요? 태어나 처음 보는 자동차와 많은 사람, 소음이 가득한 도시 환경이 동물에게 '자유'로 느껴졌을까요? 멀리 가지도 못하고 풀숲에 가만히 엎드려 있던 사자 사순이를 보면 오히려 두려움이나 혼돈에 가까웠을 것 같습니다.

거슬러 올라가 생각하면 애초에 울타리가 튼튼했더라면, 사육장의 문이 열려 있지 않았더라면 동물들이 겪지 않아도 될 생명의 위기를 겪은 셈입니다. 그러니 동물들이 탈출한 근본적인 원인이 인간의 '관리 부실'이란 점을 빼놓아서는 안 되겠습니다.

동물원은 어떤 곳일까?

사자나 얼룩말, 침팬지처럼 우리나라 환경에 살지 않는 야생 동물은 어떻게 이곳까지 오게 된 것일까요? 동물들이 빠져나온 곳, 동물원에 대해 좀 더 이야기를 나눠야겠습니다.

최초의 동물원은 1752년 오스트리아 왕족들이 쉰부른 궁에 여러 야생 동물을 수집해 관상용으로 기르던 것에서 유래되었다고 해요. 왕족들이 신기한 동물을 모아 두고 이를 시민들에게 개방한 것이죠. 이런 형태에서 발전해 1828년 영국 런던동물학회가 리젠트 파크에 세운 런던동물원은 근대 동물원의 모델입니다.

전시, 관람뿐 아니라 '동물학'을 위한 연구 목적을 내세운 최초의 동물원이에요. 이때부터 현재까지 동물원은 동물의 연구, 생태

보전을 내세우는 시설이지만, 여전히 대부분은 시민들이 동물을 구경하며 여기를 보내는 장소로 여겨집니다.

그러나 전 세계적으로 동물 복지, 동물권에 대한 관심이 높아지면서 동물원이 바뀌어야 한다는 여론이 만들어지고 있습니다. 우리나라도 동물과 함께하는 반려 가구가 많다 보니, 동물도 사람과 같은 생명이며 그들만의 삶을 누릴 권리가 있다는 인식이 널리 퍼지고 있고요.

이러한 인식을 반영해 정부와 국회에서는 꾸준히 동물 관련 법안을 개정하면서 동물의 복지를 보장하기 위해 노력하고 있습니다. '동물은 물건이 아니다'라는 내용의 민법 개정안이 발의된 것이나 동물원과 수족관을 관리하는 '동물원 수족관법'과 '야생 생물법' 등을 개선한 것만 봐도 잘 알 수 있습니다.

관련 법률이 바뀌면서 이제 돌고래에게 매우 어려운 쇼를 시키거나 올라타는 행위 등은 금지됐어요. 먹이를 주고 만지는 행위도 제한이 되었고요. 그럼에도 야생 동물이 원래 서식지가 아닌 동물원에 갇혀 지내는 것에 동의하지 않는 시민들도 많습니다.

그럼 모든 동물원을 싹 다 없애 버려야 할까요? 이 질문은 쉽지 않습니다. 국내에는 110여 곳의 동물원이 있고 이곳은 좋든 싫든 동물들의 '집'이거든요. 동물원 동물들이 조금 더 나은 환경에서 지낼 수 있도록 노력하는 수의사, 사육사 선생님들도 많습니다. 또 어떻게 하면 동물원이 더 나은 역할을 할 수 있을지 고민하는 동물 복지 전문가들도 있습니다.

이런 분들은 기존의 동물원처럼 동물을 볼거리로 전시하고 쇼를 시키는 일에는 동의하지 않지만, 멸종 위기에 처한 동물을 보전하고 갈 곳을 잃은 야생 동물을 보호하는 역할은 여전히 중요하다고 말합니다.

현재 우리나라에는 야생 동물이 지낼 수 있는 생추어리가 없지만, 생추어리가 필요하니 만들어야 한다는 주장이 힘을 얻고 있거든요. 동물원이 생추어리의 중간 역할을 하거나 아예 갈 곳 잃은 동물들의 생추어리로 변화해야 한다는 의견도 나오고 있어요.

● **생추어리란 어떤 곳?**
학대나 방치로 고통을 겪거나, 여러 가지 이유로 자연으로 돌아가기 힘든 동물을 수명이 다할 때까지 보호하는 곳을 '생추어리'라고 합니다. 공장식 축산 농장에서 열악하게 길러지던 동물을 구조하여 보호하기도 하고, 서커스나 트레킹에 이용되던 코끼리, 사냥꾼의 공격으로 부상당한 동물, 어미를 잃은 새끼 동물을 구조하여 보호하기도 합니다.

푸바오와 바람이의 동물원

이번엔 최근 화제를 모았던 두 동물을 중심으로 동물원이란 공간을 돌아봅시다. 아이돌 가수만큼이나 큰 인기를 누리고 있는 자이언트 판다 '푸바오'는 경기 용인의 동물원에서 국내 최초로 자연 번식으로 태어난 판다입니다. 현재는 중국과의 협약에 따라, 쓰촨성 '중국판다보호연구센터'로 이송된 상태죠.

자이언트 판다는 중국 쓰촨성의 티베트 고산 지대에만 서식하는 멸종 위기 동물입니다. 세계 최대 규모의 자연 보전 기관인 세계자연기금(WWF)의 로고로 쓰일 정도로 멸종 위기 동물의 상징으로 여겨집니다.

서식지 파괴와 밀렵, 기후 변화, 관광 산업 등으로 야생 개체가 줄어들자 중국 정부는 1958년부터 자이언트 판다를 보호하기 위한 노력을 해 왔어요. 자이언트 판다의 서식지를 보호 구역으로 지정하고 생태 연구를 위해 동물원 등에서 사육하며 인공 번식을 추진했고요.

덕분에 자이언트 판다는 세계자연보전연맹(IUCN)이 정하는 멸종 위기 단계 '위기'에서 '취약'으로 등급이 낮아졌어요. 야생 개체 수도 1980년대 1000마리에서 2014년 1860마리로 늘어났고, 전 세계에서 사육 중인 판다도 670여 마리에 이른다고 합니다.

 판다의 수가 늘어나게 된 것은 서식지 보호뿐 아니라 판다의 생식, 습성 등의 연구가 누적되면서 사육 상태에서도 새끼들이 태어났기 때문이에요. 이렇게 멸종 위기종을 연구하고 종 보전을 위해 노력하는 것도 동물원의 역할 중 하나입니다. 비록 사육 상태에서 태어난 판다들을 다시 야생으로 보내지 않고, 계속 관람객에게 전시하면서 돈벌이에 이용하는 것에는 비판이 있기도 하지만요.

 학대받고 갈 곳을 잃은 동물들의 '안식처'가 되는 곳도 동물원입니다. 경남 김해의 부경동물원에서 지내던 동물이 공영 동물원인 청주동물원으로 이송된 것이 대표적인 사례라고 할 수 있어요.

 부경동물원은 2020년 코로나19 확산 탓에 방문객이 끊긴 이후 경영난을 겪어 왔는데요, 동물들의 사육 환경도 열악해져 동물원을 방문하는 시민들이 동물원 폐쇄를 요청할 지경에 이르렀습니다. 특히 실내 사육장에 갇힌 사자는 늑골이 드러날 정도로 마른 채 쉰 목소리로 연신 기침을 내뱉어 여러 언론에서 '갈비 사자'라고 불리면서 화제가 됐어요.

 너무 마른 사자의 모습이 전국적으로 논란이 되자, 마침 환경부가 지원한 '야생 동물 보호 시설'을 갖추고 있던 청주동물원이 사자를 더 나은 환경에서 보호하겠다고 나선 것입니다. 다행히 부경동물원 운영자도 이에 동의했고, 사자는 2023년 7월 청주동물원으로 이사를 가며 '갈비 사자'라는 비참한 별명 대신 '바람이'라는 멋진 이름을 갖게 됐습니다.

'바람이'라는 이름은 그간 실내 사육장에 갇혀서 느낄 수 없었던 바람을 실컷 느끼라는 뜻에서 붙여진 이름이었어요. 또 다른 동물들의 삶이 바람이처럼 조금이라도 나아지길 '바란다'는 뜻도 담겼고요. 2004년 서울어린이대공원에서 태어난 바람이는 2016년부터 이때까지 부경동물원에서 지내 왔지만 이름조차 없는 신세였거든요.

최근 모습을 보면 바람이는 이제 새로운 보금자리에 잘 적응한 것으로 보입니다. 동료 사자 '도도'와 방사장을 나눠 쓰며 노년을 평온하게 보내고 있거든요. 바람이가 처음 방사장에 들어서던 날, 유난히 하늘을 멀뚱히 바라봤다고 해요. 바람이의 20살 인생 중 처음으로 '제대로' 느껴 보는 탁 트인 하늘이었을 테니까요. 바람이의 눈에 그 하늘과 바람, 냄새는 어땠을까요?

이렇게 동물원은 동물을 전시하고 이용하는 곳이 아니라, 다치

고 갈 곳을 잃은 동물 그리고 멸종 위기를 겪는 동물들을 보호하고 연구하는 시설이 되어야 한다는 것이 많은 시민과 전문가의 생각입니다.

운영 중인 동물원들은 동물들이 제한된 공간에서 지내더라도 습성에 맞는 행동을 할 수 있고, 조금 더 나은 복지를 누리도록 노력해야 합니다. 더 나은 동물원을 만들기 위해서는 우리 시민들의 역할이 무엇보다 중요합니다.

많은 어린이가 직접 동물을 만나고 싶어 합니다. 우리는 어려서부터 동화책, 영상 등을 통해 다양한 동물에 대해 공부하고 이들을 만나는 상상을 하며 자연스레 동물을 사랑하게 됩니다. 직접 만나고 싶어 하는 게 당연해요.

그렇지만 되도록 동물을 직접 만지거나 먹이를 주거나 안거나 올라타는 행동은 피하는 게 좋습니다. 어린이에게도 동물에게도 위험할 수 있기 때문이에요. 동물은 낯선 사람의 접촉으로 스트레스를 받을 가능성이 크고요. 이 과정에서 어린이도 예상치 못한 질병을 얻게 되거나 공격으로 다칠 위험이 있어요. 실제로 먹이 주기 체험을 하던 어린이가 토끼나 라쿤에게 물려 상처를 입었다는 소식이 종종 전해지죠. 이제 법으로 이러한 동물 체험은 금지됐지만, 여전히 먹이 주기, 만지기 체험 프로그램을 운영하는 곳들이 남아 있습니다.

더 나은 동물원을 만드는 일은 저절로 이뤄지는 것이 아니에요. 우리 시민들이 동물을 부당하게 이용하는 동물원이나 수족관에 가는 것을 멈추고, 동물들의 복지가 어떠한지에 더 관심을 기울일 때 정부도 전문가도 동물원들도 나아지려고 노력하게 되는 것입니다. 이처럼 우리가 동물의 입장에서 한 번 더 살펴볼 때, 동물들의 삶도 나아질 수 있습니다.

다정한 시민이 되는 법

동물 만지기, 먹이 주기 이제 그만

생태 체험장에서 동물에게 먹이를 주면 동물을 음식을 받아먹는 '수동적 존재'로 생각하거나 무의식적으로 '내 마음대로 해도 되는 대상'으로 여기게 될 수 있습니다. 체험 과정에서 동물이나 관람객의 건강에 악영향을 미칠 가능성도 있고요. 대부분의 동물은 낯선 사람의 접촉에 스트레스를 받습니다. 일정치 않은 음식은 동물에게 비만을 부르거나 배탈을 일으킬 수도 있고요. 어린이들이 동물에게 물리거나 상처를 입을 위험성도 있습니다. 동물과 사람은 적당한 거리를 유지할 때, 긴장하고 안전할 수 있어요.

자연이 집인 동물들에게 기후 변화란?

북극곰은 어쩌다 새알을 훔치게 됐나?

영국 런던자연사박물관은 해마다 '올해의 야생 동물 사진가' 공모전을 개최합니다. 세계 각지에서 촬영된 야생 동물 사진 가운데 훌륭한 작품을 선정해 상을 주고, 시민들이 접하기 어려운 야생 동물의 신비한 생태를 소개하면서 환경 보호의 필요성을 알리는 것입니다.

2023년에도 공모전이 진행되었는데요, 여러 작품 가운데 눈에 띄는 작품이 있었습니다. 바로 영국의 아마추어 사진작가가 찍은 '얼음 침대'(Ice Bed)라는 작품입니다. 이 작품은 시민들의 투표로 정해지는 피플스 초이스(People's Choice) 우수상을 받았습니다.

이 작품은 곰 한 마리가 빙산 위에서 곤한 잠에 빠져 있는 한순간을 포착하고 있어요. 사진만 보면 달콤한 잠에 빠진 곰의 모습과 하얀 빙산이 참으로 아름답습니다. 그런데 사진이 찍힌 배경을 알고 나면 결코 아름답게만 볼 수가 없습니다.

이 사진은 노르웨이 스발바르 제도에서 촬영되었는데요, 작가는 북극곰을 만나기 위해 사흘 동안 이곳을 항해했다고 해요. 북극해의 스발바르 제도는 세계에서 가장 고립된 섬 가운데 하나입니다. 이곳에는 북극곰 3000여 마리가 살고 있는데요, 1970년대 이후 이 지역 평균 기온이 3~5도 이상 올라가면서 빙판의 두께와 범위가 급격히 감소해 생존에 위협을 받고 있습니다.

　우수상을 받은 이 작품은 한 어린 수컷 곰이 조각난 빙산 위에서 위태롭게 잠든 장면을 촬영한 것이었어요. 기후 변화로 점점 작아지는 '얼음 침대'에서 가까스로 잠이 들었을 북극곰 신세를 떠올리니, 사진을 보고 아름답다고 하는 것은 한가로운 일이 아닐까 하는 반성이 들기도 합니다.

　북극곰은 기후 변화로 생존을 위협받는 대표적인 동물이죠. 북극 최상위 포식자로 척박한 북극 환경에 잘 적응했지만, 북극의 온난화가 지구 평균보다 2배나 빨리 진행되면서 멸종 위기에 내몰려 있습니다. 북극곰은 북극해의 빙하 위에서 생활하며 바다표범이나 물범 등을 사냥하는데 얼음의 면적이 줄어들면서 서식지가 좁아지고 사냥이 어려워지고 있기 때문입니다.

　북극곰은 봄과 초여름에 물범이 새끼를 낳으면 사냥을 시작합니다. 이때 사냥을 해서 일 년 동안 필요한 에너지의 3분의 2를 보충해요. 그러나 기후 변화로 빙하가 일찍 녹고 늦게 얼면서 물범을 사냥할 수 있는 기간이 갈수록 줄어들고 있어요.

게다가 사냥을 위해 이동해야 하는 거리는 점점 늘어나 물범 한 마리를 사냥하기 위해 사나흘을 수영해야 하는 일도 벌어집니다. 이 과정에서 운이 좋으면 살아남지만 그렇지 않으면 물에 빠져 죽는 일도 발생하고요.

그러다 보니 물범 사냥이 어려워진 북극곰이 바다오리 등의 바닷새 알을 훔쳐 먹는 일까지 발생했습니다. 캐나다 허드슨만에서 북극곰을 연구해 온 과학자들은 2020년 북극곰의 앞발이 노랗게 변한 것을 관찰했어요. 바닷새의 알을 많이 밟아서 발에 새알의 노른자 흔적이 남은 것입니다.

안타까운 것은 이렇게 북극곰이 새알을 훔쳐 먹더라도 필요한 열량을 채우지 못해 배를 곯게 된다는 점이에요. 게다가 바다오리, 기러기, 갈매기 등은 꼼짝없이 알을 빼앗길 수밖에 없으니, 기후 변화가 '슬픈 연쇄 작용'을 부른 것입니다.

과학자들은 북극곰들이 이렇게 굶은 채 버텨야 하는 기간이 길어지면서 이번 세기 중반이 되면 전 세계 북극곰의 최대 3분의 2가 사라질 것으로 예상하고 있어요. 또 지구 온난화를 일으키는 온실가스를 줄이지 못하면 2050년쯤 지구상에서 모든 북극곰이 사라질 것이란 전망도 내놨어요. 미국은 2008년 북극곰을 멸종 위기종 보호법(ESA) 규정에 따른 멸종 위기종으로 지정했는데요, 지구 온난화 때문에 멸종 위기종에 등재된 동물은 북극곰이 처음이라고 합니다.

'남자 친구' 찾기 힘들어진 바다거북

이렇게 지구 온난화로 생존에 위협을 받고 있는 동물은 북극곰뿐이 아닙니다. 2018년 미국 해양대기청과 캘리포니아주립대학교, 세계자연기금 호주 지부가 충격적인 연구 결과를 내놓았어요. 지구 온난화 때문에 호주 연안에 사는 푸른바다거북 개체군의 99%가 암컷으로 태어난다는 것입니다.

바다거북의 어미는 해변에 둥지를 파고 알을 낳는데, 모래의 온도에 따라 부화할 때 성별이 달라진다고 해요. 약 27.7도 이하면 수컷, 31도 이상이면 암컷으로 태어납니다. 그런데 기후 위기로 폭염이 이어지자 모래의 온도가 급격히 높아지게 됐고, 그러다 보니 수컷은 태어나지 않고 암컷만 태어나는 사태가 벌어진 거예요.

1970~80년대에도 거북의 성비가 불균형해서 암컷이 유독 많

은 시기가 있었지만, 그때는 기껏해야 6대 1 정도의 비율이었다고 해요. 그런데 연구진이 이때 확인해 보니 성비 불균형이 상상 이상으로 심각했던 것입니다. 온난화의 가속화로 암컷 거북들은 '남자 친구'를 찾지 못해 번식이 힘들어지게 될 것이란 암울한 진단이 내려졌어요.

게다가 온도가 높으면 알의 부화율도 떨어진다고 하니, 지구 온난화가 거북의 생존에 심각한 위협을 만들고 있는 셈입니다. 푸른바다거북은 자연에서의 수명이 80살에 이를 정도로 대표적인 장수 동물인데, 계속되는 기후 변화로 이제는 태어나는 것조차 힘들어졌습니다.

우리나라도 기후 변화로 멸종 위기에 처한 동물들이 많습니다. 국제 환경 단체 그린피스는 2021년 유엔 환경 다양성의 날에 기후 변화로 사라져 가는 한국 동물의 이야기를 소개했어요. 가장 대표적인 동물은 예쁜 모시옷을 입은 것처럼 화려한 날개를 자랑하는 붉은점모시나비였어요.

붉은점모시나비는 2017년 환경부의 국립생물자원관이 진행한 '내가 제일 좋아하는 우리 생물 101' 국민 투표에서 1위 곤충에 오를 정도로 아름다운 생물입니다. 그러니 점점 보기 어려워지고 있어요. 대부분의 곤충과 달리 붉은점모시나비는 더위에 약하고, 추위에 강하기 때문입니다. 여름에는 알 속에서 여름잠을 자고, 겨울이 시작되는 11월 말부터 12월 초에 깨어나 추위를 견디며 살아가요.

그런데 한반도의 기온이 점점 상승하면서 개체 수가 줄어들고 있는 것입니다. 결국 2017년에 멸종 위기 야생 생물 1급으로 지정되고 말았죠. 붉은점모시나비 이외에도 물장군, 사향노루, 하늘다람쥐, 긴점박이올빼미, 까막딱따구리 등이 기후 변화로 사라져 가는 동물로 꼽혔어요. 모두 기후 변화로 온도가 상승하며 서식지가 줄어들거나 사라져 갈 곳을 잃은 동물들입니다.

기후 재난에 희생당하는 동물들

먹잇감을 구하지 못하는 일은 동물들에게는 심각하고 위급한 위협이지만, 여전히 사람들은 기후 변화에 둔감합니다. 기후 변화로 인한 재난은 우리 곁에 성큼 다가와 있어요. 전 세계가 홍수, 가뭄, 폭염, 폭설, 강추위, 산불 등 재난과 이상 기후로 몸살을 앓고 있거든요.

우리나라에서도 최근 몇 년간 극심한 추위와 더위, 폭우가 번갈아 나타나고 이로 인해 '기후 난민'이라는 말이 생길 정도로 사람들의 삶에도 악영향을 끼치고 있습니다. 이러한 재난의 피해는 사람이나 동물이 마찬가지로 겪지만, 자연이 삶터인 동물은 좀 더 직접적인 영향을 받게 됩니다.

오스트레일리아에서 일어났던 대형 산불이 대표적이에요. 2019년 9월 오스트레일리아 남동부에서 발생한 산불은 해를 넘어 2020년 2월까지 한국 국토 면적에 해당하는 1000만 헥타르(ha)를 불태웠습니다.

이 산불로 오스트레일리아를 대표하는 동물인 코알라는 개체수의 30%가 떼죽음을 당했습니다. 유칼립투스 잎을 주식으로 삼으며 대부분의 시간을 나무 위에서 잠자고, 에너지를 아끼는 방식으로 진화한 코알라는 움직임도 굉장히 느립니다. 이런 코알라들은 무섭게 퍼져 오는 화염을 피하기 어려웠어요.

당시 언론과 사회관계망 서비스에는 산불을 피하지 못해 타 죽거나 가까스로 불을 피했지만 심각한 화상을 입은 코알라의 모습이 공개됐어요. 또 코알라들이 도로까지 피난을 와서 사람들이

주는 물을 받아 마시는 일도 있었죠. 이렇게 희생된 코알라는 약 8000마리, 다른 야생 동물들까지 포함하면 피해가 수억 마리에 이른다고 해요. 코알라뿐 아니라 캥거루, 웜뱃 등 오스트레일리아에서만 서식하는 수많은 동물들이 이 산불로 죽거나 피해를 입었거든요.

    다른 나라 일만이 아닙니다. 가까운 예로 2020년 전남 구례에는 이틀간 폭우로 섬진강이 역류하면서 홍수가 발생했습니다. 하천 제방이 무너지면서 상가, 주택, 농장 등이 침수됐고, 이 홍수로 돼지, 소, 닭 등 농장 동물 1만 6000여 마리가 죽는 참혹한 일이 벌어졌어요. 당시 축사를 탈출한 소들이 살기 위해 지붕 위로 올라가거나 해발 500미터의 사찰로 피신했던 일은 크게 화제가 되었죠.

● 기후 변화의 주된 원인, 온실가스

온실가스는 이산화 탄소, 메탄, 아산화 질소 등을 말하는데, 이산화 탄소가 전체 온실가스의 80% 이상을 차지하기 때문에 이러한 온실가스를 아울러 '탄소'라고 부릅니다. 탄소는 우리가 석유, 석탄, 천연가스와 같은 화석 연료를 생산·소비할 때 발생하고 또 철강, 화학, 식음료, 전유, 시멘트 등의 제조업과 축산업을 통해서도 배출됩니다.

서식지나 먹잇감이 줄어들고, 번식이 어려워지고, 자연재해로 목숨을 잃는 것은 동물들에게는 심각하고 위급한 일이에요. 하지만 여전히 많은 나라가 온난화를 일으키는 탄소 배출 규제에는 적극적이지 않습니다. 다만 이제 기후 위기의 심각성을 인지한 세계 여러 나라가 온실가스를 줄이기 위해 유엔에 모여 '기후 변화 협약'을 맺고 매년 지구 기온의 상승을 막기 위해 노력하고 있으니 우리도 지속적인 관심을 갖고 지켜봐야겠지요.

고래의 똥을 지켜라

지구 표면의 70%를 차지하고 있는 바다는 지구의 탄소 순환에 중요한 역할을 합니다. 대기 중의 이산화 탄소를 흡수하고 저장하죠. 국제 환경 단체 그린피스의 보고서를 보면 지난 20년간 인간의 활동으로 배출된 이산화 탄소의 4분의 1을 바다가 흡수했다고 해요.

바다가 이렇게 뛰어난 '탄소 저장고' 역할을 하는 데 크게 기여하는 것이 바로 다양한 해양 생물입니다. 고래를 보호하면 기후 변화를 막을 수 있다는 이야기를 한번쯤 들어 보았을 거예요. 도대체 고래와 기후 변화가 무슨 상관일까 생각할 수 있는데요. 생태계의 흐름을 천천히 되짚어 보면 이해가 쉽습니다.

바닷속 플랑크톤은 광합성을 통해 대기와 물속의 이산화 탄소를 흡수해요. 이러한 플랑크톤을 먹이로 삼는 것이 바로 다양한 중소형 어류죠. 또 이러한 중소형 어류, 두족류 등을 먹는 것이 고래, 돌고래 등의 해양 포유류입니다.

바다 생태계의 최고 포식자인 해양 포유류는 거대한 몸집을 지니고 있어요. 몸집이 큰 고래는 연간 수 톤의 이산화 탄소를 몸에 저장하고 있다고 해요. 고래 한 마리가 평생 흡수하는 탄소가 33톤에 이른다고 하니 존재 자체가 탄소 저장고라고 할 수 있어요.

또 거대한 몸집만큼 큰 배설물을 내놓는데요, 고래 똥에는 다량의 철분과 질소, 인 등의 물질이 있어서 식물성 플랑크톤의 먹이로 활용됩니다. 플랑크톤이 번성하면 광합성을 통한 탄소 분해가 늘어날 뿐 아니라 먹이 사슬의 가장 기초적인 역할을 하면서 생물의 생존 기반이 되겠죠. 게다가 거대한 포유류가 죽으면 그 사체 또한 다양한 생물의 먹이가 되기 때문에 전체적인 먹이 사슬에 큰 역할을 하는 것입니다.

실제로 2023년 미국 알래스카대학 연구진의 논문을 보면, 남극해에 서식하는 대왕고래, 참고래, 혹등고래, 밍크고래 4종의 개체 수를 포경 시대(상업적 고래잡이, 1980년대 후반부터 점차 금지됨) 이전 개체 수로 복원한다면 한 해 2억 2천 톤의 탄소가 바다에 격리된다는 추정이 나왔어요. 무려 한국의 연간 온실가스 배출량의 3분의 1에 해당하는 양입니다.

야생 동물을 보호하는 것이 곧 지구를 지키고 기후 위기에서 우리를 구하는 방법인 셈이죠. 그러니 자연 생태계를 보호하는 일의 중요성을 잊지 말고 정부나 지도자들에게 제대로 된 정책을 요구해야 될 것 같습니다.

또 우리 개개인은 기후 뉴스에 지속적인 관심을 가지면서, 실생활에서 환경과 동물을 도울 수 있는 습관을 가지도록 노력해 봐요. 가방이 조금 무거워져도 텀블러와 손수건을 챙기고, 가까운 거리는 걸으면서, 되도록 버스와 지하철을 이용하고요. 육식보다 채식 식단을 선택하는 것도 중요해요. 왜 채식이 기후 변화를 늦추고 동물에게도 도움이 되는지는 다음 장에서 알아볼게요.

다정한 시민이 되는 법

작은 실천이
기후 위기를 막아요

국제 환경 보호 단체들은 기후 위기에 대처하기 위해 크게 6가지 실천을 강조해요. 첫째, 에너지 절약형 가전을 사용하거나 사용하지 않는 전자 제품의 전원을 차단합니다. 둘째, 되도록 걷거나 대중교통을 이용해요. 셋째, 육류 소비를 줄이고 지역 농산물을 먹습니다. 넷째, 친환경 제품을 사고 오래 사용하는 소비 습관을 가져요. 다섯째, 재활용이 가능한 제품을 사고, 음식은 꼭 먹을 만큼만 만들어 쓰레기의 양을 줄여요. 마지막으로는 물을 아껴 씁니다.

3. '고기'로 태어나는 동물은 없다

살아남은 아기 돼지 새벽이

 소시지, 베이컨, 돈가스, 탕수육 모두 제가 좋아했던 음식입니다. 특히 소시지의 짭짤하고 달콤한 맛은 어려서부터 참 좋아해서 도시락 반찬으로, 간식으로 많이 먹었던 것 같습니다. 물론 건강에 안 좋다는 잔소리도 참 많이 들었지만요.

 저는 2019년부터 한겨레신문의 동물 전문 매체인 '애니멀피플'에서 일하고 있는데요, 개나 고양이 등 반려동물뿐 아니라 소나 돼지, 새, 곤충까지 모두가 제 담당 영역이랍니다. 처음 애니멀피플의 담당 기자가 되었을 때는 주로 친숙한 반려동물의 이야기를 취재했어요. 그런데 시간이 갈수록 관심사가 조금씩 넓어지기 시작했습니다. 그러다가 2020년 한 아기 돼지를 만났습니다.

 아기 돼지의 이름은 '새벽이'. 새벽이는 2019년 7월 경기도 화성의 돼지 농가에서 태어났어요. 종돈장이라 불리는 이곳은 어미 돼지들이 좁은 번식틀(스톨)에서 계속해서 '고기가 될' 새끼 돼지들을 낳는 곳입니다. 아기 돼지들이 태어나는 곳이라고 하면 영화 〈꼬마 돼지 베이브〉에 나오는 것처럼 핑크빛의 아기 돼지들이 푸근한 어미 품에서 장난을 치는 장면을 떠올리기 쉽지만 사실 새벽

이가 태어난 곳은 그런 환경과는 거리가 멀었습니다.

축사는 창문 하나 없이 꽉 막혀 있고 내부는 배설물 악취가 코를 찔렀죠. 어미는 몸도 돌릴 수 없는 번식틀에 서거나 누워 있고, 새끼 돼지들은 병들고 다쳐도 치료받지 못한 채 사육장에 방치되어 있었어요. 양돈업자들은 어미가 출산 과정에서 스트레스를 받아 새끼를 다치게 할 위험성이 있어 번식틀이 필요하다고 주장하지만, 그 좁은 공간에 온종일 갇혀 있을 것을 생각하면 너무도 안쓰럽습니다.

국내 동물권 단체 디엑스이의 활동가들은 돼지들의 이러한 현실이 무언가 잘못됐다고 생각했어요. 그래서 어느 여름날 새벽, 농장에 잠입을 합니다. 그러고는 아픈 돼지 세 마리를 데리고 나왔어요. 활동가들은 이런 활동을 공개 구조라고 하는데요, 농장 소유의 동물을 마음대로 가지고 나오는 것은 불법 행위로 볼 수 있지만 그만큼 돼지들의 현실을 알리는 것이 중요하다고 생각했던 겁니다.

이때 활동가의 품에 안겨 나온 돼지 중 한 마리가 새벽이였어요. 활동가들은 농장의 많은 새끼 돼지들 가운데서도 병들고 약해서 구조가 시급한 돼지들을 먼저 데리고 나왔다고 해요. 때문에 새벽이 이외의 아기 돼지 두 마리는 얼마 가지 않아 죽고 맙니다. 세벽이는 치료를 받고 기운을 차려 유일하게 '살아남은 돼지'가 됐고요.

갈 곳 없는 새벽이에게 집이 생기다

문제는 이후 새벽이가 살 곳이 마땅치 않았다는 점이에요. 새벽이가 몸집이 작았던 시절에는 활동가의 집에서 함께 생활했지만 점차 몸무게가 100킬로에 육박해지자 집 안에서 지내는 것이 불가능했고, 새벽이도 돼지 본래의 습성대로 살아갈 공산이 필요하게 됐어요. 활동가들은 2020년 6월 시민 후원금을 모아 새벽이가 조금이라도 더 '돼지답게' 살 수 있는 야외 환경으로 새벽이를 이동시켰어요. 새벽이의 한 살 생일을 앞두고 새벽이만의 보금자리인 '새벽이 생추어리'가 만들어지게 된 겁니다. 생추어리는 갈 곳이 없는 농장 동물, 야생 동물이 남은 생애를 평안히 보낼 수 있도록 하는 시설을 말해요.

이날 새벽이의 새 보금자리 입주 현장에 서노 찾아갔습니다. 돼지를 그렇게 가까이서 본 것은 처음이었지요. 한 살 돼지의 모습은 생각보다 크고 힘이 세 보여서 무섭기도 하고 신기하기도 했답니다. 사실 우리나라에서 한 살이 넘은 돼지의 모습을 보는 것은 쉬운 일이 아니에요. 돼지의 자연 수명은 10~15살이지만 대부분의 양돈 농가에서 태어난 돼지들은 6개월이 되기 전에 모두 고기로 사라지기 때문입니다. 그러니 곱절은 더 자라난 새벽이의 모습은 우리가 상상했던 돼지보다는 더 크고 어른스러웠던 거지요.

직접 만나 본 새벽이는 장난기가 많고 자기 주장이 강한 돼지였습니다. 바나나와 수박을 좋아하고, 원하는 것이 있으면 친한 활동가를 향해 코를 들이댔습니다. 생추어리에 입주하기 전 새벽이는 실내에서 그리고 좁은 사육장에서 생활했었다고 해요. 과연 땅과 풀, 곤충이 날아다니는 야외 환경에 적응할 수 있었을까요? 웬걸요, 새벽이는 자신의 집이 마련된 공간에 들어서자마자 코와 발로 땅을 파헤치고 미리 만들어 둔 물웅덩이에 들어가 시원하게 진흙 목욕을 즐겼습니다. 땀샘이 없는 자연 상태의 돼지들은 하루에 10여 차례 진흙에 뒹굴거든요. 누가 알려 주지 않아도 새벽이는 이미 돼지의 본능에 따라 움직이고 있었던 것이지요.

이렇게 자신의 삶을 누릴 수 있는 돼지가 하마터면 소시지나 돈가스가 될 뻔했다니, 이때부터 새벽이는 제 '소시지 사랑'에 큰 균열을 냈답니다.

다른 삶을 사는 꽃풀소들

새벽이가 돼지도 달리 살 수 있다는 것을 보여 줬다면 강원도 인제에 살고 있는 너섯 마리의 '꽃풀소'는 소에 대해 다시 생각할 기회를 줍니다. 꽃풀소는 흔히 우리가 젖소라고 부르는 홀스타인종 수소 다섯 마리의 별명입니다. 이 소들도 돼지 새벽이처럼 지난 2021년 8월까지 인천의 한 농장에서 길러졌어요.

홀스타인종 소는 암컷으로 태어나면 우유를 생산하는 젖소가 되지만, 수컷으로 태어나면 육우(식용 소)가 됩니다. 태어나 18~24개월이 되면 고기가 되기 위해 도살장으로 실려 가는 것이 보통이죠. 이 농장에서 태어난 15마리의 소들도 마찬가지 신세였어요.

그런데 그즈음 불법 식용 개 농장 없애기 운동을 하던 동물권 단체 동물해방물결이 소들의 현실을 접하게 된 것입니다. 활동가들은 같은 동물인데 개는 모두 구조하면서, 소는 도살장으로 가게 내

버려 두는 것이 뭔가 앞뒤가 맞지 않는 것처럼 느껴졌다고 해요.

활동가들은 큰 결심을 하고 이곳의 소들을 구하는 '인천 소 구하기' 프로젝트에 돌입합니다. 돼지 한 마리를 구하는 것도 어려운데 소 여러 마리를 구하는 것은 구조 비용이나 보호 부지 등에서 더 큰 어려움이 있을 수밖에 없었어요. 당시 소들이 있던 곳은 무허가 농장이었기 때문에 하루라도 빨리 소들을 옮겨야 할 형편이었는데요, 소들을 구조하는 비용만도 수천만 원이 들고 소를 보호해 줄 수 있는 전문가를 찾기도 만만치 않았습니다.

그럼에도 활동가들이 정면 돌파를 선택한 이유는 단 하나였습니다. 동물해방물결 이지연 대표는 당시 그것을 "단 한 명이라도 구하고자 하는 마음"이라고 표현했답니다. 동물권 단체 활동가들은 모든 동물이 생명으로서 평등하다는 생각으로 비인간 동물을 셀 때에도 '마리' 대신 '목숨 명(命)'이란 단어를 씁니다.

갑자기 소 여러 마리의 운명을 책임지게 된 활동가들은 어렵고 힘들었겠지만, 다행히 시민들은 소들이 살아남기를 바랐고 기꺼이 그 마음을 모아 줬답니다.

2022년 11월, 마침내 다섯 마리의 소 '메밀', '머위', '부들', '엉이', '창포'가 강원도 인제의 생추어리로 이사를 갔습니다. 소들의

이름은 모두 자연에 피어 있는 들풀과 들꽃의 이름을 따 지어졌는데요, 그만큼 강한 생명력으로 살아남으라는 뜻을 담았다고 합니다. 강원도 인제면 신월리에는 지금 꽃풀소들이 정착하여 살아가는 생추어리 '달뜨는 마을 보금자리'가 마련되어 있어요. 두 어린이가 포함된 한 가족이 다섯 마리의 소에게 먹이를 주고 돌보고 있고요. 2019년 10월에 태어난 꽃풀소들은 올해로 국내에서는 유일하게 네 살을 넘긴 홀스타인 수소들이 되었습니다.

돼지들의 '마지막'을 지키며

새벽이와 꽃풀소처럼 많은 농장 동물과는 다른 삶을 사는 농장 동물들의 이야기를 길게 들려 드린 것은 다른 뜻이 아닙니다. 날 때부터 '고기'로 태어나는 동물은 없다는 말을 하고 싶은 것이지요. 우리가 각기 다른 외모와 성격, 가치관을 가지고 있듯 동물들도 각자 고유한 개성을 지닌 존재들입니다. 그들도 자신의 삶을 온전히 누릴 권리가 있어요. 하지만 농장 동물로 태어나 정해진 삶을 사는 동물들에게 새벽이나 꽃풀소처럼 살아남은 동물들의 이야기는 슬프게도 로또 복권 당첨보다 먼 이야기일 것 같습니다.

그렇디라도 이들이 어떻게 태어나 어떤 환경에서 길러지고, 어떻게 삶을 마감하는지 아는 것은 중요한 문제입니다. 우리는 소비하는 많은 고기들이 어떻게 식탁에 오르는지 대부분은 제대로 알지 못합니다. 동물이 농장에 있거나 도살장에 실려 가는 모습은 거의 공개되지 않고, 주로 요리된 음식으로만 만나게 되기 때문입니다.

2020년 6월 초어름, 저는 서울애니멀세이브라는 단체가 주최하는 비질(Vigil) 활동에 참여한 적이 있습니다. 비질이란 도살장에 실려 가는 농장 동물들의 마지막을 배웅하는 활동이에요. 이른 아침부터 비좁은 트럭에 실려 먼 길을 달려왔을 돼지들에게 마지막으로 물과 감자를 주면서 그들의 고통과 공포에 공감하고자 노력하는 것이죠. 새벽이를 만나고 나서 딱 일주일이 지난 뒤였습니다. 새벽이보다 어린 돼지들이 여러 트럭에 한가득 실려 오는 모습은 무섭기도 하고, 슬프기도 했습니다. '내가 좋아한 음식이 바로 이들이었다니' 하는 생각이 들었던 것이죠.

사실 소와 닭, 돼지 등 농장 동물의 현실을 이야기하는 것은 쉬운 일이 아닙니다. 복잡한 생각이 들어요. 마음이 좋지 않습니다.

동물들이 열악한 환경에서 살고 있지만 개인적으로 도움을 주기 어려운 구조이기 때문에 더욱 그렇습니다. 그렇지만 조금이라도 우리가 농장 동물을 도울 방법은 없을까요?

  많은 전문가들은 농장 동물을 위해서, 그리고 기후 환경을 위해서 채식 식단을 늘리는 것을 추천해요. 공장식 축산은 이산화 탄소를 배출해 온실가스를 유발할 뿐 아니라, 땅과 숲 환경을 파괴하는 주범으로 꼽히고 있습니다. 전 세계 농장 동물이 내뿜는 온실가스는 자동차, 트럭, 비행기 등 교통수단의 온실가스 배출량과 맞먹을 정도이거든요.

완벽한 채식보다 더 많은 채식을!

  영국 옥스퍼드대학 연구진의 발표를 보면, 채식 식단의 경우 육식 식단보다 온실가스를 최대 4배나 줄일 수 있어요. 우리 식탁의 음식만 바꾸더라도 환경을 보호할 수 있다는 이야기입니다. 더불어 우리가 공장식 축산의 문제점을 잘 알고, 육류 소비를 줄이거나 동물 복지 축산으로 소비 방향을 전환한다면 장기적으로 동물들에게 도움이 될 수 있습니다.

비건(Vegan)이라는 말을 들어 보셨을 거예요. 음식뿐 아니라 모든 동물성 제품을 소비하지 않는 생활 방식을 말해요. 동물권, 기후 변화가 중요시되면서 '비건 라이프 스타일'을 유지하는 사람들이 늘어나고 있어요.

비건뿐 아니라 채식에는 다양한 선택지가 있어요. 소고기나 돼지고기는 먹지 않지만 닭고기는 먹거나, 이러한 동물의 고기는 먹지 않지만 달걀이나 우유, 생선은 일부 먹는 방식 등이에요.

또 동물 복지 축산물을 구입해서 먹는 분들도 있어요. 동물에게 불필요한 고통을 주지 않고, 좀 더 쾌적한 환경에서 동물의 습성을 유지하는 데 필요한 시설을 제공하는 농장에게 정부는 '동물 복지 축산' 인증을 주고 있거든요. 2012년 산란계(달걀), 2013년

● 내게 알맞은 채식의 단계는?

채식의 단계는 동물성 음식을 어디까지 먹느냐에 따라 나눌 수 있습니다. 우유, 달걀, 고기류를 전혀 먹지 않는 사람은 '비건'이라 하고, 고기류는 먹지 않으나 우유와 달걀까지 먹는 사람은 '락토-오보 베지테리언'이라고 합니다. 우유와 달걀, 생선까지 먹는 사람은 '페스코 베지테리언'. 채식을 하지만 때에 따라 육식을 하는 사람을 '플렉시테리언'이라고 합니다.

돼지, 2014년 육계(닭고기), 2015년 한·육우, 젖소, 염소, 2016년 오리 등 현재 7개 농축산물에 인증 마크가 부여되고 있으니, 구매 전에 살펴보는 것도 좋겠지요.

특히 '케이지 프리' 달걀을 사는 것은 우리가 가장 쉽게 실천할 수 있는 윤리적 소비이기도 해요. 케이지 프리란, 에이포(A4) 용지보다 좁은 닭장(배터리 케이지)에서 생산한 달걀이 아닌 더 나은 사육 공간에서 생산된 동물 복지란을 말합니다.

정부는 달걀이 생산된 환경에 따라 달걀 껍데기에 번호를 매겨 사육 환경을 표시하고 있어요. 껍데기를 유심히 살펴보면 하나로 이어지는 번호가 새겨진 것을 볼 수 있는데요, 맨 마지막 숫자가 바로 사육 환경을 뜻합니다. 1번은 방사형, 2번은 축사 내 평지, 3번은 개선된 케이지, 4번은 배터리 케이지를 뜻해요. 동물 단체들은 1번이나 2번 달걀을 구매할 것을 추천하고 있어요.

채식을 하겠다고 마음먹고 처음부터 모든 동물성 음식을 중단하면 영양학적으로 불균형이 올 수 있습니다. 어린이들은 반드시 채식을 시작하기 전에 부모님과 영양 전문가와 상의하는 것이 좋아요. 또 너무 완벽한 비건만 추구하면 실천이 어렵습니다. 완전 채식을 하려면 개인적으로 큰 노력이 필요한데 아직 우리나라에

는 비건 식품이나 제품이 부족한 편이거든요. 그러니 완벽함보다는 친근함으로 승부하면 좋겠습니다. 비록 오늘은 친구를 만나 육식을 했어도 내일은 조금 줄이려고 노력하는 마음가짐을 갖고, 다음번엔 친구와 함께 채식 메뉴를 골라 보는 식으로요.

하루에 한 번 혹은 일주일에 한 번이라도 채식을 하면 동물을 위한 실천을 했다는 뿌듯한 마음을 느낄 수 있을 거예요. 완벽한 비건이 아니더라도 동물을 위한 선택이 될 수 있으니, 여러 채식 유형을 살펴보고 실제로 해 보고 싶은 식단을 결정해 봅시다.

다정한 시민이 되는 법

채식으로 동물과 환경을 보호해요

한국의 고기 소비량은 지난 수십 년 동안 크게 증가했어요. 1980년대에는 1인당 연간 소비량이 11.3킬로에 불과했지만, 2022년에는 59.8킬로로 5배 이상 늘어난 것입니다. 육식은 환경에도 악영향을 미치지만, 공장식 축산 시스템 안에서 태어나는 수많은 동물의 희생을 바탕으로 하고 있습니다. 어쩌면 우리는 아주 간단한 방법으로 이 문제를 해결할 수 있어요. 육식을 줄이고 채식 식단을 늘리는 것입니다. 김밥은 해외에서도 인기가 많다고 하죠. 김밥, 비빔밥 등 다양한 채소가 들어간 음식을 맛있게 먹어요.

가족, 친구, 짝꿍이 된 동물들

그 많은 동물은 어디서 왔을까?

여러분은 혹시 개나 고양이와 함께 살고 있나요? 농림축산식품부의 2023년 조사 결과를 보면, 우리나라 네 집 중 한 집이 동물을 키우는 반려 가구라고 하니 '멍냥이'와 함께 살고 있는 친구가 많겠네요. 정말 이제 주변에서 반려동물을 만나는 것은 그리 어렵지 않아요. 동네 공원이나 천변에 나가면 산책하는 강아지를 쉽게 만날 수 있고, 대형 쇼핑몰에도 출입이 가능해져서 같이 쇼핑을 즐기는 모습을 볼 수 있어요.

개뿐만이 아니지요. 여전히 인간의 가장 친한 친구는 개라고 여겨지지만, 고양이를 키우는 가정도 빠르게 늘어나는 추세예요. 고양이 반려인들은 스스로를 '냥집사'라고 부를 정도로, 알뜰살뜰 고양이를 돌보고 있습니다.

인류가 개와 함께 살기 시작한 것이 1만 5000년 전, 고양이를 키우기 시작한 것은 약 5000년 전으로 추정됩니다. 정말 오랜 시간 함께했다고 봐야겠죠. 그런데 우리는 이 친구들에 대해 얼마나 잘 알고 있을까요?

앞서 말씀드린 것처럼 저는 '애니멀피플'에서 일하면서 여러 동물의 이야기를 취재하고 있습니다. 행복하고 좋은 소식을 많이 전하고 싶지만, 실제로 그런 뉴스는 10분의 1 정도이고 나머지는 학대받거나 힘든 처지에 놓인 동물들을 주로 만나게 됩니다.

특히 2019년 동료 기자와 함께 취재한 '사지 마 팔지 마 버리지 마: 반려 산업의 슬픈 실체' 기획 보도는 막연하게 알았던 반려동물 산업의 구조와 문제점을 자세히 살펴볼 수 있는 계기가 됐습니다.

당시 저와 동료는 우리 곁의 이 많은 개와 고양이가 어디서 왔을까 궁금증을 갖고 있었습니다. 당시에도 '사지 말고 입양하자'는 구호는 익숙했지만, 도대체 왜 사지 말라는 것인지 속속들이 이해하고 있는 것은 아니었거든요. 그래서 그때까지 일반적으로 개와 고양이를 입양하는 경로로 여겨져 왔던 펫 숍에 개와 고양이가 어떻게 도착하는지를 살펴보기로 했습니다.

먼저 반려 산업이 어떻게 돌아가는지 들여다보기 위해서 우리는 스스로 '펫 숍 사장님'이 되어 보기로 했어요. 실제로 어린 개나 고양이를 파는 것은 아니지만, 펫 숍을 운영할 것처럼 사무실도 구하고, 관할 지방자치단체에 등록해 사업자 등록증도 만들었습니다. 사실 이것이 있어야 펫 숍 주인들만 들어갈 수 있는 '반려농물 경매장'의 모습을 직접 볼 수 있었거든요.

실제 가서 본 반려견 번식장, 경매장, 펫 숍의 모습은 하나같이 낯설었습니다. 분명 가정에서는 가족으로, 친구로, 사랑스러운 짝꿍으로 대접받는 동물들이었지만 이곳에서는 하나의 '물건'처럼 취급받고 있었거든요.

무엇보다 수십 마리의 개들이 좁은 케이지에 갇혀 어린 새끼들과 함께 지내고 있는 번식장의 환경은 불결했고, 개들도 몹시 불안한 모습이었습니다. 좁고 낡은 사육장에서 거의 평생을 나오지 못할 뿐 아니라, 어미 개들은 새끼를 낳더라도 금방 빼앗겨 버립니다. 산책은커녕 옆 칸의 친구들과도 만나지 못하고 배설물이 뒤덮인 공간에서 살아가고 있었어요. 이곳에서 부모 개들은 오직 새끼를 낳기 위해서 끊임없이 임신과 출산을 반복해야 합니다. 이곳이 '강아지 공장'이라 불리는 이유지요.

동물이 물건처럼 거래되는 것은 반려동물 경매장 또한 마찬가지였어요. 경매장은 강아지 공장의 새끼들이 펫 숍으로 팔려 나가기 전에 거치게 되는 일종의 '시장'입니다. 어린 강아지를 팔기 위해 나온 번식장 주인과 펫 숍으로 사 가기 위해 참석한 펫 숍 주인들이 모이게 되죠.

경매장 운영자들은 마치 강아지를 상품처럼 소개합니다. 어린 몰티즈, 비숑, 푸들의 생김새를 조목조목 설명하면서 가격을 제시하죠. 그러면 펫 숍의 주인들이 강아지의 외모와 건강 등을 살펴보고 값을 지불하는 거예요.

이렇게 경매장에서 생후 40~50일에 거래된 강아지와 고양이들은 펫 숍의 진열장에 전시됩니다. 길거리를 지나다가 펫 숍 유리문 너머로 잠을 자고 있거나 장난치고 있는 강아지를 본 적이 있을 거예요. 바로 이러한 경로를 거쳐 비로소 세상 밖으로 나오게 된 것이죠.

안타까운 것은 사람들이 작고 귀여운 동물을 유독 사랑한다는 점입니다. 그렇기 때문에 펫 숍 주인들은 강아지가 팔리기 전에 몸집이 커지는 것을 원하지 않아요. 이들은 강아지를 가로, 세로 1미터도 안 되는 작은 분양장에 넣고 최소한의 사료만 주면서 성장을 늦춥니다. 이렇게 펫 숍의 강아지들은 하루 1~2번 소량의 사료만 먹으면서 새 주인을 기다립니다.

사지 말고 입양하자, 왜?

두 달간 이러한 과정을 취재하고 난 뒤, 우리는 비로소 동물을 물건처럼 사고파는 것이 왜 비인도적인지 또 이 과정에서 동물들이 어떻게 고통받는지 깨닫게 되었습니다. 하지만 이러한 신문 보도가 나가고, 동물 보호 단체의 지속적인 캠페인 활동에도 번식장은 여전히 곳곳에서 성행 중입니다. 정부가 관련 규정을 계속 새롭게 만들고 있지만 번식장을 운영하는 것 자체가 불법은 아니기 때문이죠.

그러나 2023년 9월 경기도 화성에 있는 한 번식장의 충격적인 현장이 드러나며 공장식 번식업 자체를 금지해야 한다는 '루시법'이 발의되기에 이르렀습니다. 루시는 영국 번식장에서 구조된 개의 이름입니다. 2013년 영국이 당시 번식장에서 구조된 어미 개 루시의 이름을 따서 루시법을 만들었는데, 우리나라도 비슷한 취지의 법이 만들어져야 한다는 의견이 나온 것입니다.

루시법은 무슨 내용이고, 왜 만들어진 걸까요? 앞서 잠깐 살펴본 것처럼, 새끼 동물을 낳게 하기 위해 운영되는 '강아지 공장'은 엄마, 아빠 개의 복지는 그게 신경 쓰지 않습니다. 오직 귀여운 새끼를 얼마나 많이 낳는지에만 관심을 기울이죠. 그러다 보니 여러 번의 출산으로 건강이 악화되더라도 어미 개가 제대로 된 돌봄을 받을 수가 없는 구조입니다.

영국의 루시 또한 동물 단체가 구조할 당시, 6년간 반복된 출산으로 처참한 상태였다고 해요. 루시는 중형견인 '카발리어 킹 찰스 스패니얼' 종이었는데요, 보통 7~8킬로의 몸무게가 나가는 종이지만 루시는 발견 당시 3.6킬로에 불과했습니다. 또 출산을 거듭해 척추가 휘고, 뇌전증과 관절염을 앓고 있었습니다.

루시의 처참한 모습은 영국 시민들에게 큰 충격을 주었어요. 귀엽고 사랑스러운 강아지를 파는 산업의 이면에 이렇게 착취당하는 동물이 있다는 사실을 몰랐던 것이죠. 시민들은 정부에 반려동물 번식장을 금지해 달라고 촉구했고, 이런 번식장의 운영을 가능하게 했던 펫 숍을 철폐해 달라고 요구했어요.

결국 영국 정부는 2018년 8월, 아기 동물의 펫 숍 거래를 전면 금지했습니다. 루시법은 6개월 이하 새끼 동물의 펫 숍 판매를 금지하고, 어린 강아지를 입양하고자 하는 사람은 직접 농장을 운영하는 브리더(육종가)를 찾아가서 부모 개와 강아지가 살고 있는 환경을 확인하고 데려가도록 했어요. 동물이 살고 있는 환경을 시민이 직접 보게 하면서 동물을 키우고 파는 사람들로 하여금 동물에게 좀 더 윤리적인 환경을 조성하도록 한 것이죠.

이러한 루시법이 우리나라에서도 필요하다는 강한 목소리가 나온 이유가 있습니다. 동물 단체들이 제보를 받고 화성 번식장 현장을 찾았을 때, 사육장 내부에는 무려 1400여 마리의 개들이 있었어요. 관할 관청인 경기도청에는 400여 마리를 키운다고 신고를 해 둔 상태였지만 이보다 세 배 이상이나 많은 개를 키우고 있었던 겁니다.

개들이 많다면 그만큼 더 넓은 공간과 사육 인원이 있어야 하지만, 실상은 그렇지 못했습니다. 번식장은 여러 채의 사육장을 운영하고 있었지만 그마저도 공간이 부족해 사육장 바닥에 촘촘한 울타리를 쳐 놓고, 거기에 개 8~10마리를 키우고 있었습니다. 사람이 발 디딜 공간이 없을 정도로 개들이 밀집되어 있었죠. 일부 공간에서는 사육장을 2~3단으로 층층이 쌓아서 개들을 사육할 정도였습니다.

개들의 복지는 당연히 열악했습니다. 루시처럼 반복된 출산으로 건강이 좋지 못한 부모 개, 새끼를 낳다가 죽은 어미 개, 태어나 얼마 살지 못한 새끼들의 시체가 번식장 내외부에서 100여 마리나 발견되었어요. 그야말로 '개들의 지옥' 같은 현장이었다고 합니다.

이 번식장 운영자들은 왜 이렇게 많은 개를 키웠을까요? 이유는 단 하나였습니다. 많이 태어나면 태어날수록 돈을 더 많이 벌 수 있는 구조였기 때문입니다. 또 여러 마리가 태어나면 그만큼 예쁜 강아지를 얻을 확률도 높아지니 더 열심히 번식에 집중했던 것으로 보여요.

실제로 이 번식장 운영자들은 어미 개에게 일정한 값을 매겨서, 다른 사람들에게 투자금을 받고 태어나는 새끼의 수만큼 수익금을 배분하는 형태로 사업을 벌여 왔던 것이 드러났습니다. 그야말로 개들을 생명이 아닌 돈벌이의 수단으로 본 것이지요.

다행히 경기도와 여러 동물 보호 단체들이 이 번식장의 개들을

● **동물을 어디서, 어떻게 입양할까?**
- 유기 동물 입양 플랫폼 '포인핸드' https://www.instagram.com/pawinhand_official
- 서울시 '서울동물복지지원센터' https://animal.seoul.go.kr/index
- 경기도 '반려동물입양센터' https://www.instagram.com/happyggdog
- 민간 동물 보호 단체 보호소 – 동물자유연대 온센터, 카라 더봄센터, 위액트 등

전원 구조해 보호하고 있어요. 많은 개가 새로운 보호자를 만나 새 삶을 찾았고 현재도 입양을 기다리고 있습니다.

버려지는 동물은 왜 계속 늘어날까?

이렇게 '강아지 공장'에서 매 순간 많은 생명들이 태어나지만, 동시에 수많은 개와 고양이가 버려집니다. 2022년을 기준으로 우리나라의 지방자치단체가 운영하는 동물 보호 센터에 입소한 동물의 숫자만 해도 11만 마리가 넘었어요. 게다가 안타깝게도 동물 보호 센터에 버려지는 동물의 수는 꾸준히 늘어나서 최근 5년간 해마다 10만 마리 이상이 버려진 것으로 조사됐어요.

버려지는 동물은 왜 계속 늘어나는 걸까요? 많은 전문가들이 반려동물을 쉽게 팔고 살 수 있는 기존의 시스템, 보호자의 낮은 동물 복지 인식 등이 문제라고 이야기해요. 앞에서 살펴봤듯이 '번식장-경매장-펫 숍'의 거래 구조는 누구든 돈만 있다면 동물을 살 수 있도록 하고 있습니다. 아직 준비가 덜 된 입양 희망자라도 큰 어려움 없이 동물을 데려올 수가 있는 거죠.

하지만 평균 수명이 10~15년에 이르는 개와 고양이의 평생을 책임지는 것은 그리 만만한 일이 아니에요. 습성에 맞도록 산책을 시켜 줘야 하고, 실내에서 같이 생활하기 위해서는 목욕, 미용 등의 노력도 기울여야 하죠. 예방 접종이나 건강 관리도 꾸준히 신경 써야 합니다. 이런 보살핌에는 매달 일정 금액의 비용이 들어가니 양육비 또한 내가 감당할 수 있는 수준인가 고려해야겠죠.

이미 반려동물과 함께 지내고 있는 친구들이라면 잘 알고 있는 사실일 겁니다. 그러니 이러한 정보와 마음가짐 없이 펫 숍에서 충동적으로 동물을 입양하게 되면, 예상치 못한 어려움에 쉽게 양육을 포기하는 일이 벌어질 확률이 높겠죠. 비록 펫 숍에서 입양을 했더라도 더 중요한 일은 반려동물에게 애정을 갖고, 끝까지 책임지는 자세를 갖는 것입니다.

번식장에서 태어나는 새끼들은 슬개골 탈구나 뇌전증 등 유전성 질병을 앓을 확률이 높고, 어린 시절 엄마와 떨어져 적절한 사회성을 익히지 못했을 가능성이 있다는 점도 유념해야 해요. 이러한 특성을 알고 미리 건강 검진에 대비한다든가 반려견 교육(트레이닝)을 받아서 문제 행동을 줄이는 것이 필요할 수 있습니다.

이렇게 한쪽에서는 새끼들이 태어나고 한쪽에서는 지속적으로 버리는 악순환을 어떻게 멈출 수 있을까요? 정부는 번식장과 펫샵의 수를 줄이고, 동물을 키우는 사람들은 더 철저한 책임감을 지녀야 할 필요성이 있다고 전문가들은 지적합니다. 그리고 무엇보다 새 가족을 맞을 계획이 있다면 되도록 유기 동물 보호소에서 새 보호자를 찾고 있는 동물을 입양하는 것이 좋겠죠. 전국 수십여 곳 지방자치단체에는 다양한 종의 새끼 동물부터 나이 든 개, 고양이들이 새 가족을 기다리고 있답니다. 부디, 사지 말고 입양하세요!

다정한 시민이 되는 법

유기 동물에게 더 많은
관심이 필요해요

거리에 버려진 개와 고양이는 지방자치단체가 운영하는 유기 동물 보호 센터로 들어가게 됩니다. 우리가 당장 유기 동물에게 새 가족을 찾아 주거나 입양을 할 수는 없지만 그래도 도울 방법은 있습니다. 만약 동물을 입양하고자 하는 친구가 있다면 펫 숍에서 사지 말고 유기 동물을 입양하라고 이야기해 주세요. 또 내가 살고 있는 지역의 동물 보호 센터가 어떻게 운영되는지 알아보고, 방문이 가능하다면 부모님과 보호소를 찾아 동물들과 함께 시간을 보내거나 산책 봉사를 해도 좋겠습니다.

5 인간을 위해 달리고, 싸우고, 죽어 가다

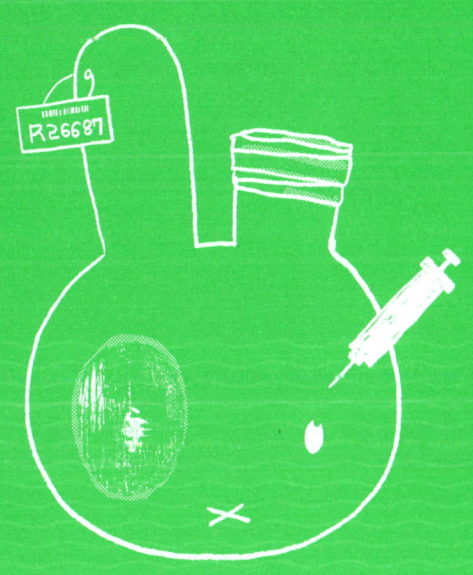

드라마를 촬영하고 죽은 경주마 까미

 지금까지 우리가 동물원, 자연, 농장, 가정에서 만나는 동물의 이야기를 살펴봤다면 이번에는 조금 다른 상황에 놓여 있는 동물들을 살펴볼 생각입니다. 바로 우리의 필요 때문에 달리거나 싸우고, 실험당하는 동물들의 이야기입니다. 약간은 불편한 이야기가 될 수도 있지만, 우리가 당연하게 여겨 왔던 동물의 희생을 차근히 되짚어 보려고 해요.

 2022년 한 말의 죽음이 국민적 분노를 일으킨 사건이 발생합니다. 이 말의 이름은 '까미'였어요. 까미는 예전에 경마장을 달리던 말이었어요. 그즈음에는 경주에서 은퇴해서 드라마에 출연하는 일을 하고 있었습니다. 드라마에 출연할 만큼 겉모습도 멋졌던 것 같아요. 까미의 사진을 보면 우아하게 큰 키와 긴 다리, 짙은 갈색의 갈기가 멋진 암말이었거든요. 그런데 비극적인 일이 일어났습니다.

당시 방영 중이던 사극 드라마의 한 장면을 촬영하다가 바닥으로 크게 고꾸라졌고, 며칠 뇌사 않아 세상을 떠났거든요. 문제는 까미가 바닥에 고꾸라질 때, 까미의 앞 발목에는 줄이 묶여 있었다는 점이에요. 촬영진은 말이 넘어지는 장면을 더 실감 나게 표현하기 위해서 까미의 발목에 줄을 걸고 달리게 한 뒤 인위적으로 넘어뜨렸어요. 드라마 등장인물이 말에서 떨어지는 장면을 더 생생하게 보여 주겠다는 의도였다고 해요. 하지만 넘어지면서 큰 충격을 받은 까미는 일주일 뒤 사망합니다. 그럴 듯된 된 장면을 위

해 멀쩡한 동물을 죽을 곳으로 내몬 격이었지요.

이렇게 계획적으로 까미를 넘어뜨린 사실이 알려지자 시민들은 분노했습니다. 까미 사건 관련자를 처벌하고 재발 방지 대책을 세우라는 국민 청원이 올라오자, 시민 20만 명 이상이 동의를 표시했어요. 머지않아 국회에서도 영화나 드라마에서 동물을 함부로 대하지 못하도록 하는 '까미법'을 발의하기에 이르렀죠.

정부도 해결책을 마련하겠다면서 '미디어 동물 보호 가이드라인'을 만들겠다고 발표했어요. 그렇지만 2022년 상반기까지 만들겠다고 한 정부의 가이드라인은 이런저런 이유로 아직 만들어지지 않았습니다.

까미 사건은 그 자체로 비극적인 일이었지만, 우리 사회에 동물을 이용한 문화와 산업에 대한 반성을 불러일으키는 계기가 됐어요. 까미 사건 이전에는 드라마나 영화를 촬영할 때 살아 있는 동물이 고통받거나 죽더라도 크게 신경 쓰지 않는 분위기였다면, 이후에는 아무리 창작 작품에서 허구로 동물의 고통을 표현하더라도 윤리적이어야 한다는 것이 시민들의 일반적인 동물권 인식이 되었거든요.

이런 흐름은 점차 강해지고 있어요. 때문에 2024년 개봉해 천만 관객을 모은 영화 〈파묘〉에서도 새끼 돼지의 사체가 등장하는 장면에 많은 시민이 불편함을 표했고, 영화 〈헤어질 결심〉에 등장했던 자라 몇 마리가 결국 사망했다는 소식이 전해졌을 때 우리는 더 나은 방법이 없었는지 의문을 갖기에 이르렀어요.

국내 동물 단체 동물권행동 카라는 이미 이런 고민을 담아 '동물 출연 미디어 가이드라인'(2020년)을 발간하기도 했습니다. 이 가이드라인에서는 살아 있는 동물이 미디어에 출연한다면 촬영 현장에서 가장 우선되어야 할 점으로 동물의 안전과 복지를 꼽고 있어요. 그리고 자신의 상태와 의지, 뜻을 언어로 표현하기 힘든 동물의 특성을 고려해 컴퓨터 그래픽(CG)으로 대체할 수 있다면 살아 있는 동물보다는 그래픽으로 대체하라고 권히고 있죠. 이렇게 동물의 미디어 출연, 이용을 걱정하는 목소리가 높은 것은 우리 사회의 높아진 동물권 인식의 단면이기도 합니다.

경마와 소싸움, 뭐가 문제일까?

까미가 불러일으킨 고민은 이뿐이 아니었어요. 까비의 사연은 우리나라 경마 산업의 문제점과 은퇴한 경주마들의 현실을 함축적으로 담고 있었거든요. 까미는 어디서 태어나서, 어떻게 말 배우가 되었던 걸까요?

까미의 죽음 이후 동물 단체들이 조사한 바에 따르면, 까미의 경주마 시절 이름은 '마리아주'였습니다. 서러브레드 품종으로, 이 말들은 주로 경마를 위해 태어나요. 경마는 여러 마리의 말을 동시에 출발시키고 일정 거리를 달리게 한 뒤 결승선에 먼저 들어오는 순서를 겨루는 스포츠입니다. 일종의 말 달리기 게임이라고 보면 되겠어요. 고대 그리스, 로마 제국 때부터 있었던 문화이지만 현대에 들어서는 잘 달리는 말에게 일정 금액을 걸고, 그 말이 이기면 상금을 타는 도박의 성향이 더 강해졌죠. 문제는 사람들이 더 많은 돈을 벌기 위해, 더 빠른 말이 태어날 때까지 품종 말들을 끊임없이 번식시킨다는 점이에요.

이 과정에서 까미와 같은 말들이 태어납니다. 2017년 태어난 까미가 경주마로 활약한 시기는 고작 20개월이에요. 두 살이 되던 2019년부터 세 차례 경주에 나갔지만, 성적이 그리 좋지 않았어요. 게다가 마지막 경기가 있던 날 까미는 너무 빨리 달리다가 폐를 다치는 일이 벌어져요. 죽을힘을 다해 달렸지만 성적이 좋지 않았던 까미는 결국 은퇴할 수밖에 없었죠.

이렇게 은퇴한 경주마들은 승마장에 가서 사람을 태우거나 드라마 촬영 현장에 가서 말 배우를 하게 돼요. 또는 다른 말들을 낳는 번식 말이 되기도 합니다. 한국마사회 자료에 따르면, 이렇게 은퇴하는 경주마가 한 해 1400여 마리에 달해요. 그렇지만 배우나 승마장으로 가서 '제2의 마생'을 사는 비율은 42%뿐입니다. 나머지는 안락사당하거나 알 수 없는 곳으로 팔려 가게 되죠. 말의 평균 수명은 25~30년 정도거든요. 그런데 까미는 고작 5살 나이에 드라마를 촬영하다가, 인위적으로 넘어지고 사망한 거예요.

까미 같은 말들은 오직 경마라는 말 산업을 위해 태어납니다. 빠른 말을 태어나게 하기 위해 필요 이상으로 많은 말들을 번식하고, 성적이 안 좋으면 마치 부품을 갈아 끼우듯 다른 말들로 그 자리를 대체해요. 성적이 좋지 않아 어린 나이에 경주에서 은퇴한 말들은 여러 곳으로 팔려 가고 그 이후의 삶을 책임지는 사람은 거의 없습니다. 인간의 즐거움과 이득을 위해 동물의 희생이 당연시되는 것입니다.

소싸움도 경마와 비슷합니다. 소싸움은 과거부터 있어 온 볼거리이지만 현재는 전국 지자체들이 관광 상품으로, 오락거리로 소싸움을 개최하고 있어요. 참가자들이 경기에 돈을 걸고 이익을 얻는 방식이 경마와 비슷하죠.

소싸움은 소의 생태, 습성과도 전혀 어울리지 않아요. 소는 무리 지어 사는 동물로, 방목지의 넓은 들판에서 풀을 뜯으며 진화해 온 동물이에요. 힘은 좋지만 대체로 평온하고 성실하고 우직하기 때문에 과거 농경 사회에서 사람들은 소를 가축으로 길들여 농사에 이용했어요. 소싸움은 이러한 동물 본연의 생태는 무시한 채 소의 힘을 겨루게 한다면서, 초식 동물인 소에게 뱀을 먹이거나 산에서 타이어를 끌게 하는 등 동물 학대를 하기도 합니다.

사실 우리나라 동물 보호법은 '도박, 오락, 유흥의 목적으로 동물에게 상해를 입히는 행위를 금지'하고 있어요. 그렇지만 소싸움만은 '민속 경기'라는 이유를 들어 제외합니다. 정읍녹색당과 동물자유연대 등은 이러한 우리 법의 문제점을 알리면서 소싸움을 이제 없애야 한다고 주장하고 있어요.

다행히 시민들도 이제는 소싸움이 현시대와는 어울리지 않는다고 생각하는 것 같아요. 2023년 정읍녹색당이 시민들에게 설문 조사를 한 결과, 시민 10명 중 6명이 소싸움 예산 지원을 반대했거든요. 단 몇 초, 몇 분의 즐거움을 위해 오랜 시간 고통받아야

할 말과 소의 현실이 더 많이 알려진다면, 이런 오락에 동의할 사람들이 그리 많지 않을 것 같습니다.

실험 토끼 〈랄프를 구해 줘〉

이러한 유흥 종목과는 조금 다르지만 실험동물 또한 인간을 위해 희생하는 동물입니다. 경마와 소싸움은 인간의 즐거움을 위해 동물이 이용되지만, 실험동물들은 의약품, 생리용품 등 인간이 사용하는 물질의 안전함을 시험하기 위해, 또 치료법 개발을 위해 다양한 실험에 동원됩니다.

지난 2022년 4월 서울 여의도 국회 의원 회관에서 열린 독특한 전시회를 취재하러 간 적이 있어요. 법을 만드는 국회 의원들의 사무실이 있는 서울 여의도 국회 의사당 내 의원 회관 로비에서는 일 년 내내 각종 주제의 전시가 진행됩니다. 이날 전시회가 독특했다고 한 이유는 주인공이 토끼였기 때문이에요. 토끼의 이름은 '랄프'. 이날 전시의 제목은 〈랄프를 구해 줘〉였는데요, 도대체 랄프에게는 어떤 도움이 필요한 걸까요?

먼저 애니메이션 〈랄프를 구해 줘〉에 대해 소개를 드려야 할 거 같습니다. 〈랄프를 구해 줘〉는 3분 분량의 초단편 애니메이션이에요. 애니메이션의 주인공 랄프는 우리처럼 아침에 일어나 세수를 하고, 아침을 먹으며 출근 준비를 합니다. 조금 눈에 띄는 점이라면 랄프의 한쪽 귀에 붕대가 감겨 있고, 눈도 한쪽만 붉게 충혈되어 있다는 점이에요. 랄프는 양치질을 하며 "털도 깎였고, 화학물질에 데어서 등 전체에 화상을 입었다."라고도 말하죠.

랄프는 아침을 먹으며 자신의 직업이 '실험동물'이라고 이야기해요. 토끼는 화장품의 안전성을 실험하는 대표적인 실험동물 중 하나예요. 립스틱, 마스카라 등을 생산할 때 제품의 원료가 사람에게 해를 끼치지 않는지 알아보기 위해 먼저 동물에게 사용해 보는 것입니다.

이렇게 출근 준비를 한 랄프가 간 곳은 바로 실험실이었습니다. 랄프뿐 아니라 많은 토끼가 고정틀에 묶여 실험을 기다리는 처지입니다. 랄프가 여러 곳을 다친 이유가 이제 조금은 이해되죠? 동영상 플랫폼인 유튜브에 무료로 공개되어 있으니 관심이 있는 친구라면 손쉽게 볼 수 있어요. 다만 영상을 보고 나면 여러 복잡한 생각과 슬픈 마음이 들 수 있으니 마음의 준비가 조금은 필요하다

는 걸 미리 일러둘게요.

이처럼 토끼뿐 아니라 쥐, 원숭이, 개, 물고기 등 많은 동물이 인간을 위해 실험동물이 됩니다. 우리나라에서만 한 해 실험으로 사라지는 동물이 500만 마리에 달해요. 우리나라에서는 2017년 화장품법이 개정되면서 화장품을 만들 때 거쳐야 했던 동물 실험은 금지됐어요. 하지만 여전히 의약품, 생리용품 등을 만드는 과정 그리고 연구와 교육을 위한 동물 실험은 실시되기 때문입니다.

불가피한 실험이니 동물의 고통을 줄이고, 실험동물의 수를 줄여야 한다는 의견은 날로 강화되고 있지만, 최근 몇 년간 실험동물의 수는 더 늘어나는 추세예요. 지난해 국내 실험에 동원된 동물의 수가 499만 마리로 집계되었는데, 이것은 그 전해와 비교해도 11만 마리나 증가한 숫자거든요.

실험동물의 고통을 줄일 방안은 정말 없는 걸까요? 다행히 윤리적인 과학자들이 실제 동물의 희생을 줄이면서도 실험 결과는 더 정확한 방법을 고안해 내고 있어요. 바로 '동물대체시험법'이란 것을 연구해 낸 거예요. 우리 인체에 끼치는 영향을 알아보기 위해서 동물을 실험한다는 것은 사실 앞뒤가 맞지 않는 이야기일 수 있어요. 아무리 비슷한 생명체일지라도 영향이 똑같지는 않으니까요. 그래서 과학 기술을 통해 인간의 장기와 비슷한 모형을 만들어 내거나 3D 프린팅 기술, 컴퓨터 모델링을 통해 더 정확하고 안전한 시험법을 개발하게 된 거예요. 국제 동물 단체인 한국 휴메인소사이어티 인터내셔널(HSI)과 남인순 국회 의원(더불어민주당)이 동물대체시험법을 실제 적용하기 위해 노력하고 있어요.

모든 동물 실험을 한번에 없애는 것은 어렵겠지요. 그렇지만 부정확하고 불필요한 실험을 없애는 것만으로도 동물의 고통을 줄일 수 있다면 시행하지 않을 이유가 없겠죠.

다정한 시민이 되는 법

동물을 놀리고 괴롭히는 유튜브 영상은 '싫어요!'

동영상 플랫폼의 발전으로 누구든 쉽게 영상을 촬영하고 공개할 수 있게 되면서 자신이 키우는 동물과의 일상을 올리는 크리에이터들도 늘어났습니다. 이렇게 동물이 등장하는 영상은 우리가 쉽게 볼 수 없는 동물의 사랑스러움을 포착해 보여 주기 때문에 인기가 많죠. 문제는 인기를 얻기 위해 동물에게 무리한 행동을 시키거나 습성에 맞지 않는 환경에 동물을 노출시키면서 괴롭히는 사람들이 있다는 점입니다. 국제 동물권 단체들은 이런 영상을 보면 시청자가 적극적으로 '신고'를 누르고, 더 이상 보지 않을 것을 당부해요.

동물에게도 권리가 있다고?

동물도 고통을 느끼는 생명이야

동물이라고 하면 무엇이 가장 먼저 떠오르나요? 강아지, 고양이와 같은 반려동물 혹은 호랑이, 사자, 돌고래처럼 동물원이나 수족관에서 만나는 야생 동물 그리고 우리가 일상적으로 자연에서 만나는 새와 곤충을 생각하는 친구들이 있을 거예요.

그런데 우리 자신도 동물이라는 것을 알고 있나요? 물론 오늘날 우리가 동물이라 부르는 수많은 생명체는 인간을 제외한 '비인간 동물'인 경우가 많습니다. 그렇지만 현생 인류는 '호모 사피엔스'라는 종명을 가진 영장류에 해당해요. 침팬지, 오랑우탄, 고릴라 등의 대형 유인원들은 우리와 90% 이상의 유전자를 공유하죠.

비인간 동물이라는 개념은 현대의 여러 철학자와 동물 권리 운동가들이 사용해 왔는데요, 이 용어를 널리 알린 사람이 철학자 피터 싱어입니다. 미국 프린스턴대학 생명 윤리학과 싱어 교수는 1975년 『동물 해방』이라는 책을 펴냈습니다. 이 책은 비인간 동물도 인간처럼 쾌락과 고통을 느낄 수 있는 존재이기 때문에 윤리적으로 대해야 하고, 동등하게 도덕적 대상으로 생각해야 한다는 주장을 담고 있어요.

그동안 비인간 동물을 인간의 도구나 먹거리, 놀잇감 정도로 여겨 왔던 사람들의 생각을 깨는 주장이었죠. 싱어 교수는 이렇게 비인간 동물도 태어나면서부터 갖는 권리를 존중해야 한다면서 새로운 윤리적 기준이 필요하다고 강조했어요. 인간도 동물이라고 말하면 조금 낯설게 느껴지겠지만, 살펴보면 공통점이 더 많습니다. 지금부터는 비인간 동물을 그냥 '동물'이라고 할게요.

먼저 동물도 인간과 같이 먹이, 물, 보금자리가 필요한 생명체라는 점입니다. 야생 동물도 반려동물도 해양 동물도 우리와 조금 다르지만, 각자의 방식으로 스스로의 삶을 꾸려 나갑니다. 또 동물도 우리처럼 인지 능력을 갖추고, 고통과 슬픔, 기쁨을 느낀다는 큰 공통점을 갖고 있어요.

동물이 온전히 제 삶을 살려고 하면 배고픔과 목마름, 불편함, 통증이나 부상, 질병으로부터 자유로워야 합니다. 또 정상적인 행동을 할 수 있어야 하고, 두려움과 괴로움을 받아서도 안 돼요. 사람이라면 당연히 누리는 자유, 복지, 권리를 동물도 마찬가지로 가지고 있는 거죠.

현대 과학은 동물도 이렇게 우리와 별반 다르지 않다는 점을 이야기하기 위해 동물의 행동, 인지, 감정, 감각을 알아보는 다양한 연구를 활발히 진행하고 있어요. 그동안 제가 흥미롭게 살펴봤던 연구 사례를 소개할게요. 이걸 보면 동물이 얼마나 인간과 비슷한지 깜짝 놀랄지도 모릅니다. 똑똑하기로 유명한 친구들부터 살펴볼까요?

코끼리, 돌고래, 영장류는 지능이 높은 사회적 동물로 유명해요. 특히 코끼리는 암컷 우두머리를 중심으로 무리 생활을 하며 여러 소통법과 독특한 문화를 갖춘 것으로 알려져 있어요. 코끼리들은 오랜만에 만나면 요란한 소리로 울부짖으면서 서로의 입가에 긴 코를 가져다 댑니다. 마치 우리가 오랜만에 만난 친구와 악수를 하는 것처럼요. 또 가족이나 동료가 죽으면 우리가 장례를 치르듯, 죽은 코끼리의 마지막 모습을 찾아 인사를 나누고 그의 몸에 흙을 덮어 두는 의식을 치른답니다.

돌고래 또한 뛰어난 지능을 갖고 복잡한 사회생활을 하는 동물이죠. 돌고래는 거울에 비친 자기 모습을 알아보는 몇 안 되는 동물 가운데 하나예요. 거울 속 내 모습을 알아보는 것이 뭐 그리 대단한 일이냐고 할 수 있겠지만, '거울 속 나'를 알아본다는 것은 바로 자의식이 있다는 강한 증거이거든요. 사람 아기도 17~18개월이 되기 전까지는 거울 속 자기 모습을 보고도 그것이 자신인지

알아보지 못해요.

과학자들이 이렇게 계속 동물의 내면 세계와 심리를 연구하며 이를 널리 알리려는 이유는 무엇일까요? 결국 동물도 우리와 크게 다르지 않은 존재이고, 나름의 인지 능력과 감각 체계를 갖춘 생명체라는 걸 강조하기 위한 것이 아닐까요?

상상해 보세요. 우리의 가장 친한 친구가 어떤 이유로 말을 못 하게 된다면 어떨까요? 우리가 그 친구의 성향이나 특징을 잘 알고 있다면 아예 모르는 사람을 돕는 것보다는 더 잘 이해하고 도울 수 있을 겁니다.

지구는 인간만의 것이 아니잖아요. 함께 살아가는 다른 동물들에 대해 더 많이 알고 존중해야 우리 인간도, 지구도 건강할 수 있어요. 2023년 국내에서도 그런 노력을 보여 주는 흥미로운 아이디어가 나왔습니다. 바로 '돌고래 생태 법인' 제도입니다.

돌고래 생태 법인이란?

우리나라 제주도 연안에는 멸종 위기종이자 해양 보호 생물인 제주 남방큰돌고래가 살고 있어요. 남방큰돌고래는 전 세계 열대와 온대 지역 바다에 사는데, 육지와 가까운 연안을 오가면서 각 지역에서 무리 지어 살고 멀리까지 이동하지는 않아요. 이런 걸 '연안 정착성'이라고 해요. 이렇게 무리를 이뤄 사는 돌고래들은 각 지역별, 개체군별로 독특한 언어와 문화, 사회 구조를 지니고 있어요.

제주도에는 현재 100여 마리 이상의 남방큰돌고래가 살고 있어서 운이 좋으면 멀리서 헤엄치는 돌고래들을 볼 수도 있어요. 2022년 큰 인기를 누린 TV 드라마 〈이상한 변호사 우영우〉에도 돌고래 이야기가 등장하죠. 천재적인 변호사 우영우는 고래를 좋아하는 '덕후'로 그려져요. 때문에 제주도에 산 우영우가 돌고래를 관찰하고, 그곳에서 돌고래 보호 활동을 벌이는 장면도 등장해요. 이렇게 우리에게는 친숙하고 사랑받는 동물이지만, 남방큰돌고래는 멸종 위기에 처해 있어요.

남방큰돌고래의 천적은 상어라고 알려져 있지만, 사실 제주에 사는 남방큰돌고래의 가장 큰 적은 바로 인간입니다. 돌고래들은 다양한 물고기와 문어 등 두족류를 먹이로 하는데, 어업에 종사하는 어민과 활동 영역이 겹치거든요. 때문에 어업에 나섰던 어선의

그물에 돌고래들이 의도치 않게 잡힘으로써 목숨을 잃을 수 있어요. 이렇게 어업을 위해 설치한 그물에 다른 종의 생물이 의도하지 않았지만 걸리는 것을 '혼획'이라고 해요.

과거에는 혼획을 가장한 불법 포획이 사회적 문제가 된 사례들도 있었어요. 남방큰돌고래 '제돌이'와 친구들이 불법적으로 바다에서 잡혀 돌고래 쇼장으로 팔려 간 거예요. 다행히 이를 알게 된 많은 시민과 환경·동물 단체의 노력으로 제돌이, 춘삼이, 삼팔이, 태산이, 복순이는 2013~2015년에 고향인 제주 바다로 돌아갈 수 있었어요. 일부는 여전히 제주 바다에서 서식하며 새끼를 낳고 친구들과 잘 지내고 있어요.

불법 포획뿐 아니라 인간의 활동은 남방큰돌고래에게 다양한 피해를 주고 있습니다. 우리가 버린 플라스틱 쓰레기, 낚시 도구는 그물처럼 돌고래의 몸에 감겨서 악영향을 끼칠 수 있어요.

실제로 2023년 11월 초, 제주 서귀포시 대정읍에서는 꼬리지느러미와 몸통에 폐그물이 걸린 어린 돌고래 '종달이'가 발견됐어요. 이후 해양 환경 단체 활동가들과 돌고래 연구자들이 종달이의 꼬리에서 2미터가량의 낚싯줄을 끊어 내는 데 성공했지만, 여전히 입가에 낚싯바늘이 걸린 채 살고 있어서 우려가 많은 상황입니

다. 어업 뒤에 함부로 버려진 폐도구들이 돌고래들을 위험에 처하게 하는 것이죠.

또한 바다에 설치되는 풍력 발전기는 우리에게는 전기를 만들어 주는 고마운 시설이지만, 발전기가 건설되는 곳은 돌고래의 서식지와도 겹쳐요. 돌고래 입장에서는 갑자기 집 앞마당에 커다란 구조물이 생긴 꼴이 되는 겁니다. 이렇게 인간의 영역이 늘어나면 돌고래들의 설 자리가 상대적으로 좁아지겠지요.

게다가 드라마의 인기 등으로 제주 바다에 돌고래가 산다는 것을 알게 된 많은 사람이 배를 타고 돌고래 구경에 나서기도 해요. 물론 똑똑하고 신비로운 돌고래를 가까이에서 보고 싶은 마음은 충분히 이해합니다. 그러나 관광 선박은 돌고래에게 스트레스가 될 수 있어요.

관광 선박이 돌고래에게 너무 가까이 접근해서 돌고래가 배에 부딪혀 다친다거나, 커다란 소음에 방해를 받는 일이 생겨나는 것이죠. 우리나라 해양 생태계법과 정부의 남방큰돌고래 선박 관찰 규정 등은 관광 선박의 접근을 규제하고 있지만, 현장에서는 잘 지켜지지 않는다는 해양 환경 단체의 지적이 이어지고 있습니다.

이런 악영향들 때문에 돌고래를 더 적극적으로 보호해야 한다는 의견이 제기된 거예요. 해양 환경 전문가들은 먼저 남방큰돌고래들이 살고 있는 바다를 '해양 보호 구역'으로 지정해야 한다고 주장해요. 우리나라 해양 보호 구역은 울릉도, 가거도, 추자도 등 총 37곳이지만, 그 면적은 국내 바다 전체의 1.8%에 지나지 않거든요.

나아가 제주에서 살아가는 제주 남방큰돌고래들이 스스로의 삶터를 지키고 살아갈 권리를 법으로 보호하자는 움직임이 나오게 된 것인데요, 그것이 바로 '돌고래 생태 법인' 제도입니다. 생태 법인이라는 단어가 조금 낯설고 어려울 수 있어요. 이렇게 설명해 보면 어떨까요?

우리나라 법은 개인은 물론 어떤 회사도 하나의 주체로 인정해요. 그래서 회사를 '법인'이라고 하죠. 어떤 개인이나 주체가 회사의 이익에 반하는 일을 하면, 회사도 하나의 주체가 되어서 소송을 하잖아요. 이렇게 법의 주체가 되는 것을 '법 인격'이라고 하는데요, 이처럼 개인이나 회사뿐 아니라 특정 생태계나 동식물을 법의 주체로 인정하자는 것이 바로 '생태 법인'입니다.

제주도는 인간의 활동에 의해 서식지와 생존권을 위협받고 있는 남방큰돌고래들에게 법적인 권리를 주자면서 2023년 11월 '돌고래 생태 법인 제도'를 추진하겠다고 밝혔어요.

간단히 말하자면 돌고래도 자신의 생존권을 지키고 이익을 침해당하지 않도록 스스로의 권리를 지키도록 해 주자는 거예요. 만약 내 집 앞에 시끄러운 시설물이 들어오면 소송을 통해 이를 막는 것처럼, 돌고래가 사는 바다에 생존에 방해가 되는 일이 생기면 돌고래의 권리를 대변하는 사람들이 대신 소송을 벌일 수 있도록 하는 거죠.

아직 우리나라에서는 낯선 개념이지만, 다른 나라에서는 자연이나 동물에게 권리를 보장한 사례들이 있습니다. 에콰도르는 2008년 헌법에 세계 최초로 '자연의 권리'를 명문화해서 "자연은 헌법이 자연을 위해 인정한 기본권의 주체가 된다."라고 밝혔고요. 볼리비아도 2010년 자연의 권리를 존중하는 '어머니의 대지법'을 제정했어요.

아르헨티나에서는 2014년 동물원에 갇혀 살던 오랑우탄 '산드라'를 '비인간 인격체'로 인정해 야생에 가까운 생추어리로 보낸 일이 있습니다. 뉴질랜드의 왕거누이강, 인도 갠지스강, 미국 클래머스강도 마찬가지로 이미 법 인격을 부여받았고요.

제주도가 제안한 '돌고래 생태 법인'이 아직 만들어진 것은 아니

지만 학자, 동물 전문가, 해양 환경 활동가들은 이 제도가 꼭 필요하다고 주장하고 있어요. 외국 사례에서 볼 수 있듯이 강도, 오랑우탄도 소송할 권리를 가졌는데, 남방큰돌고래도 가능하지 않을까요?

  이제 자연으로 돌아간 제돌이와 친구들도 서식지를 지키고 자유롭게 살아갈 권리를 법으로 보장받게 될까요? 계속 관심을 갖고 지켜봐야겠습니다.

다정한 시민이 되는 법

동물에게 도움이 되는
정책과 제도를 응원해요

동물도 우리처럼 꿈을 꾸고, 내일의 계획을 세운다는 걸 아나요? 꿈을 꾸는 것으로 알려진 동물은 개나 고양이뿐 아니라 쥐, 새, 문어, 갑오징어, 초파리도 있다고 해요. 긴팔원숭이는 더 신선한 과일을 먹기 위해 전날 일찍 잠 드는 등 미래를 계획하는 행동을 하기도 하죠. 다양한 동물들이 지구에서 공존하려면 좋은 제도와 정책을 만들고 개선해야 합니다. 우리가 더 많은 관심을 기울일 때, 동물 보호 움직임은 힘을 얻고 비로소 세상을 바꿀 수 있어요. 동물 관련 뉴스를 챙겨 보고, 동물 책을 다양하게 읽어 봅시다.

저, 질문 있어요!

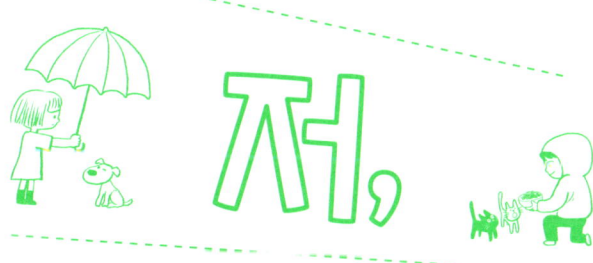

길고양이에게
밥을 주면
민폐일까요?

여러분은 동네에서 길고양이와 마주친 적이 있나요? 요즘엔 동네마다 길고양이에게 밥과 물을 챙겨 주고, 추운 겨울날이면 '겨울집'을 마련해 주는 주민들이 많아요. 이런 시민들을 우리는 '케어테이커' 혹은 '캣맘, 캣대디'라고 부릅니다. 순우리말로는 '길고양이 돌보미'라고 부를 수 있겠네요.

이렇게 동네에서 마주치는 고양이들은 대부분 누군가 키우다 버린 유기 동물이라기보다는 길에서 나고 자란 고양이들이 많습니다. 들고양이라 불리는 야생성이 강한 고양이와 달리, 도시의 환경에 적응해 인간 곁에서 스스로 삶을 꾸려 가고 있죠. 간혹 친근함을 담아 '동네 고양이'라고 부르기도 해요.

이 고양이들은 반려동물은 아니지만, 인산이 주는 먹이나 물, 잠자리를 이용하기도 하고 친근하게 다가오기도 해요. 그렇지만 자신의 활동 영역을 지키고 그들만의 독특한 생태를 이어갑니다. 그래서 캐나다 퀸즈대학 윌 킴리카 교수는 도시의 건물과 공원 주변에 사는 고양이, 비둘기, 참새와 쥐 등을 '경계 동물'이라고 정의했어요.

경계 동물이라는 용어는 조금 낯설지만, 사실 우리는 이미 길고양이의 생활 방식을 익숙하게 알고 있습니다. 이렇게 용어를 정의

함으로써 동물들의 생태적 지위를 다시 한번 일깨우고 생각해 보자는 것이죠.

고양이들은 동네 한 구역을 자신의 영역으로 정하고, 이곳을 오가며 생활합니다. 하지만 도심 환경은 이런 동물들에게 결코 녹록지 않습니다. 물이나 먹이를 구하기 어려울 뿐 아니라 차나 사람의 위협, 추위나 더위 등을 피하기 어렵기 때문입니다.

그렇기에 캣맘, 캣대디라 불리는 시민들은 자신의 집 근처 혹은 아파트 단지, 공원 등에서 지내는 길고양이에게 물과 사료를 가져다주고, 고양이들이 더 이상 새끼를 낳지 않도록 중성화 수술을 해서 제자리에 방사하는 활동을 벌이고 있어요.

길고양이에게 밥을 주거나 중성화 수술을 시키는 것은 결코 쉬운 일이 아니에요. 매일 정해진 시간에 밥과 사료를 주기 위해서는 시간을 내서 이 활동을 해야 하고, 개인 돈으로 중성화를 시켜야 하는 경우도 발생하거든요. 하지만 대부분 시민들의 자원봉사로 이뤄지고 있어요.

이렇게 고양이를 돌보는 시민들이 길고양이를 반려동물로 여기는 것은 아닙니다. 그보다는 길고양이를 도시의 한 구성원으로 인정하고 존중하면서 고양이들이 길 위에서 더 나은 삶을 살 수 있도록 돕는 것이지요. 만약 길고양이에게 아무도 먹이를 제공하지 않거나 돌보지 않는다면 비둘기처럼 열악한 삶을 살거나 미움을 받게 될 가능성이 크기 때문입니다.

　길고양이의 복지를 위한 돌봄 활동을 하는 사람이 늘어나다 보니 주민들끼리 갈등을 빚는 일도 발생합니다. 이런 갈등은 주로 고양이 급식소나 겨울집 등의 설치 장소가 적절하지 못하거나 이 시설들이 지저분하게 관리됐을 때 일어납니다.

　2021년 서울시가 시민들을 대상으로 한 설문 조사를 보면, 시민 10명 중 6명은 길고양이에게 먹이를 제공하는 것을 찬성했고, 이렇게 먹이를 주는 것을 '동물 보호 활동'으로 생각한다는 답변도 78.4%로 나타났어요.

　다만 이런 활동을 할 때는 밥 주는 곳, 고양이가 머무는 곳을 깨끗하게 관리해야 한다고 답했어요. 또 밥을 주면서 개체 수가 너무 늘어나지 않도록 중성화 수술을 시키는 일이 중요하다는 것이 시민들의 주된 의견이었습니다.

　그러니까 길고양이에게 밥을 주는 것은 그 자체로 '민폐'라고 할 수는 없습니다. 하지만 잘 관리하지 않아서 급식소 주변이 지저분하거나 더러워서 길고양이 이외에 너구리, 비둘기, 바퀴벌레 등 다른 질병을 옮길 가능성이 있는 야생 동물을 유인한다면 문제가 되겠죠. 중요한 것은 급식소나 고양이 휴식 장소를 제대로, 깨끗하게 관리하는 것입니다.

그럼 제대로 된 길고양이 돌보기는 어떻게 해야 할까요? 기본적으로 정부가 펴낸 '길고양이 돌봄·중성화 수술 지침'을 따르는 것이 좋겠습니다. 여기에는 길고양이의 정의와 돌봄 목적, 생태와 습성 등이 자세하게 담겨 있는데요, 주요 내용으로 △올바른 먹이 주기 △효과적인 중성화 △길고양이 건강 관리 △길고양이 구조와 입양 △갈등 상황 및 학대 대응법 등을 정하고 있어요.

돌봄 지침이 강조하는 내용은 주차장이나 개방된 장소가 아닌 곳에서 고양이 급식소를 운영하는 것, 먹이를 주고 일정 시간이 지나면 밥그릇을 치워서 청결하게 관리하는 것, 또 반복된 출산은 어미 고양이의 건강을 해치고, 새끼 고양이의 생존도 어려울 수 있으니 적극적인 중성화 수술을 해야 한다는 것 등입니다.

동물에게 알맞은 환경을 어떻게 아나요?

우리가 동물에 관한 이야기를 할 때 가장 힘든 점이 무엇일까요? 먼저 우리가 '동물'이라고 통틀어 이야기하지만 그 안에는 인간 이외에 수많은 동물이 포함되어 있고, 각기 모두 다르다는 점입니다. 또 동물과 우리는 몸짓이나 언어가 달라 그들이 원하는 것, 필요한 것이 무엇인지 한번에 이해하기가 어렵습니다.

그러니 동물원이나 농장에 갔을 때 그곳의 동물들은 잘 지내고 있나, 적절한 환경을 제공받고 있나 알아보기 어려울 수도 있습니다. 상상해 보세요. "여기 온도가 좀 높은 것 같아." 혹은 "시원한 물이 더 필요해." 또는 "이제 휴식 시간이니까 혼자 있고 싶어." 등의 의사 표현을 동물이 할 수 있다면 좋겠지만 불가능하잖아요.

그래서 전문가들이 동물 복지를 이야기할 때 일반적인 기준으로 삼은 것이 바로 "동물이 정상적이고 자연스러운 행동을 할 수 있는가?"라는 질문이었어요. 동물마다 종에 따라 필요한 환경과 조건은 조금씩 차이가 있겠지만, 이들이 자연스럽게 행동할 수 있는지를 보고 복지 기준을 평가하기로 한 것이죠.

이렇게 동물의 복지를 이야기할 때 가장 기본적이고 기초가 되는 내용이 바로 '동물의 5대 자유'입니다. 동물의 5대 자유는 △배고픔과 목마름으로부터의 자유 △불편함으로부터의 자유

△통증·부상·질병으로부터의 자유 △정상적인 행동을 표현할 자유 △두려움과 괴로움으로부터의 자유입니다.

동물의 5대 자유가 만들어지게 된 배경을 조금 설명할게요. 1964년 영국에서는 농장 동물을 기르는 새로운 방식인 '공장식 축산'이 확산하고 있었다고 해요. 작가 루스 해리슨은 농장 안에서 사료를 먹고 마치 기계처럼 고기를 생산하는 동물들의 현실에 문제를 느끼고, 이를 알려야겠다고 생각했습니다.

그래서 농부, 축산업자, 과학자, 정부 관계자 등을 인터뷰하고 공장식 축산 농장에서 길러지는 소, 돼지, 닭 등 동물의 실태를 조사해 『동물 기계』라는 책에 담습니다. 이 책은 영국 사회에 큰 파문을 일으키게 돼요. 매일 식탁 위에 올라가는 고기들이 실은 동물들의 비참한 희생을 통해 만들어졌다는 것을 비로소 알게 됐기 때문이죠.

영국 정부는 곧 프랜시스 브람벨 교수를 위원장으로 하는 '농장 동물 복지 자문 위원회'를 만들고 공장식 축산 농장을 조사하도록 의뢰합니다. 그래서 나오게 된 것이 '브람벨 리포트'(1967년)라고 불리는 조사 보고서입니다. 동물의 5대 자유가 바로 이 보고서에 실린 거죠. 이 개념은 현재까지도 여러 나라의 동물, 그중에서 간

혀 지내는 농장 동물과 동물원 동물의 복지를 다룰 때 가장 기본적으로 이야기되고 있습니다.

세계보건기구(WHO)는 동물 복지를 "동물이 생존하고 죽는 환경과 관련한 동물의 신체적·정신적 상태"라고 정의해요. 좀 더 구체적으로는 "동물이 건강하고 안락하며, 좋은 영양과 안전한 상황에서 본래의 습성을 표현할 수 있으며 고통, 두려움, 괴롭힘 등 나쁜 상태를 겪지 않는 것"을 동물 복지라고 설명합니다.

그러나 앞서도 말했듯 우리가 동물이 제대로 움직일 수 있는 공간이 있는지, 적당한 휴식 장소와 먹이, 물을 제공받는지 정도는 살필 수 있지만 고통이나 두려움, 괴로움을 제대로 알아차리기는 어려울 수도 있어요.

그럴 때 살펴볼 수 있는 것이 동물의 정형 행동입니다. 정형 행동이란, 뚜렷한 목표나 목적 없이 동물이 같은 행동을 지속적이고 반복적으로 하는 것을 말해요. 여러분 중에서도 동물원에 갔을 때, 동물이 사육장에서 같은 자리를 맴돌거나 무의미한 행동을 계속 반복하는 모습을 본 적이 있을 거예요. 이것이 바로 동물 복지가 제대로 충족되지 않았을 때 동물이 스트레스를 표현하는 전형적인 행동입니다.

이러한 정형 행동은 야생 상태에서는 관찰하기 어렵지만 동물원 동물들에게서는 흔하게 볼 수 있습니다. 때문에 사육 상태의 동물들이 무료하지 않도록 관리자들은 먹이나 놀이 등을 통해 계속 '풍부화'를 해 주려고 노력하고 있답니다.

비록 정형 행동을 보이는 동물일지라도 우리가 그 동물에게 놀잇감이 주어졌는지, 풍부화를 위한 장치들이 마련되어 있는지 살펴보는 것도 중요합니다. 만약 이러한 장치나 배려가 부족하다거나 물과 사료가 제대로 지급되지 않는다거나 혹은 동물이 몸을 숨길 은신처나 내실이 제대로 마련되어 있지 않다면 우리가 적극적으로 동물원 관리자들에게 이를 요구할 수도 있으니까요.

동물 실험을 모두 없애 버리면 안 되나요?

해마다 수백만 마리의 동물이 실험동물로 생을 마감한다고 생각하면, 당장 동물 실험을 없애 버리면 좋겠다는 생각이 들 수 있을 거예요. 동물의 고통과 희생이 과연 우리가 얻는 혜택보다 클까, 저도 고민이 되는 지점입니다. 그럼 우리가 어떤 영역에서 동물 실험을 하게 되는지부터 살펴볼까요?

가장 먼저 의약품 개발을 들 수 있습니다. 새로 개발되는 약품이 인간에게 위험할지 아닐지를 검사하기 위해서 동물 실험을 필수적으로 거치게 되어 있거든요. 또 의약품이 아니더라도 독성 물질이나 생리용품 등을 만들 때도 실험을 해야 합니다.

그다음으로 큰 영역은 생명 과학을 연구하는 분야입니다. 인간 혹은 동물의 유전자, 생리, 질병 등을 연구하는 생명 과학 분야에서도 질병의 원인을 파헤치고 치료법을 개발하기 위한 과정에서 동물 실험을 피할 수 없습니다.

그 외에도 줄기세포 연구나 조직 재생 연구처럼 사람의 치료법을 개발하기 위해서 또 동물의 영양과 번식, 질병에 대해 알아보기 위해 다양한 실험들이 진행되는 것이 현실이죠.

앞서 살펴봤던 실험 토끼 '랄프'처럼 실험동물의 입장에서 보면 너무도 안타까운 일입니다. 하지만 당장 동물 실험을 대체할 방법도 제대로 마련하지 않고, 한꺼번에 "동물 실험을 모두 중단합시다!"라고 선언한다면 우리 사회에 큰 혼란을 일으키게 될 것이 뻔합니다.

어려운 길일수록 차근차근 밟아 나아가야 할 것 같아요. 인간에게 그다지 필요하지 않은 실험을 습관적으로 하고 있지 않은지, 혹은 싸고 쉽다는 이유로 다른 방법이 있음에도 동물 실험을 우선하고 있지는 않은지 살펴봐야 합니다. 또 실험 과정에서 동물에게 과도한 고통을 준다거나 비인도적인 실험을 시행하는 것은 아닌지 철저히 감시하는 것이 중요합니다.

우리나라 동물 보호법은 동물 실험의 원칙을 세 가지로 정하고 있어요. 대체(Replacement), 감소(Reduction), 개선(Refinement)이란 뜻의 영어 단어 머리글자를 대문자로 써서 흔히 '3R 원칙'이라고 부릅니다.

각각의 뜻을 알아볼까요? 대체란 동물 실험을 하지 않고도 연구나 실험의 목적을 이룰 수 있다면 굳이 동물을 사용하지 말고 다른 방법을 이용하라는 뜻이에요. 가령 컴퓨터 모델링을 이용하거나 세포를 배양해서 비슷한 실험을 할 수 있다면 그 방법을 우선하라는 것이죠. 또 높은 인지 능력을 갖춰 자의식이 있을 수 있고, 다양한 고통을 느낄 수 있는 고등 동물종보다는 하등 동물을 우선적으로 고려하라는 뜻도 담겨 있습니다.

감소는 바로 알겠지요? 가능한 한 실험에 사용되는 동물의 숫자를 줄이자는 것입니다. 보다 적은 수의 동물을 실험에 사용해 필요한 정보를 얻거나, 같은 실험동물을 사용하더라도 더 많은 정보를 얻고자 노력하라는 내용입니다.

개선은 이러한 두 가지 노력 이외에도 더 고려해야 할 점을 담았어요. 동물 실험을 대체할 수 없어서 최소한의 동물을 사용할 경우에도 동물에게 가해지는 비인도적인 처치는 줄여야 한다는 것입니다.

간단히 말하면, 동물의 통증과 스트레스를 줄이고 행복을 향상시키는 방향을 고려해야 한다는 거예요. 그러니 동물 실험의 필요성을 줄여야 할 뿐 아니라 실험 과정에서도 동물에게 적절한 진통제와 마취제를 사용해서 동물에게 가해지는 통증이나 고통 또한 감소시켜야 한다는 것이죠.

우리나라는 동물 실험을 행하는 여러 기관에 '동물 실험 윤리 위원회'를 두도록 법으로 규정하고 있어요. 이 위원회에는 일반적으로 동물 실험을 수행하는 연구자, 동물의 건강과 복지를 살피는 수의사, 실험 기관과 이해관계가 없는 외부 인사, 그리고 일반 대중의 시각을 대변할 수 있는 동물 단체 활동가 등 다양한 전문가가 참여해요. 이러한 동물 실험 윤리 위원회는 동물 실험을 시작하기 전에 실험 계획서를 보고 윤리적으로 타당한지, 과학적으로 꼭 필요한 실험인지 등을 논의하고 평가해서 사전 승인을 하도록 되어 있습니다. 또 위원회는 동물 실험에서 동물의 피해를 줄이도록 노력하는 세 가지 원칙이 준수되고 있는지도 감독하고요.

동물 실험을 줄이기 위한 대체 시험법이 최근에는 활발하게 연구된다고 앞서 말씀드렸잖아요. 언젠가 "살아 있는 동물을 실험에 사용했었다고?" 하고 되묻는 날이 오면 좋겠습니다.

동물권 인식이 높아지면서 동물의 권리, 복지를 보장하자는 사회적 공감대도 넓어지고 있어요. 앞에서 살펴본 돌고래 생태법인 지정 논의도 그렇지만, 가장 최근에는 '동물은 물건이 아니다'라는 내용을 법에 명시하고자 하는 시도가 대표적입니다.

지금까지 우리는 동물이 우리와 다르지 않은 생명이며 인격체임을 살펴봤는데요, 이상하게 들릴지 모르겠지만 우리 법은 동물을 '물건'으로 규정하고 있습니다. 사람과 가족처럼 지내는 개나 고양이도 물건이고, 동물원에 사는 사자나 호랑이 그리고 자연에 사는 반달곰과 산양도 법으로만 보면 모두 민법 제98조가 정하는 '유체물'(물건)에 해당합니다.

그러다 보니 요즘의 동물권 인식과는 맞지 않는 일들이 벌어지게 됩니다. 예를 들어, 불의의 교통사고로 반려동물을 잃어도 보상이 거의 이뤄지지 않는다거나, 동물이 학대를 당해 사망하더라도 학대범에게 엄한 처벌을 하지 못하는 한계가 드러난 거예요. 또 동물의 소유자가 빚을 진 뒤 제대로 갚지 못하는 상황이 되면, 동물이 재산으로 여겨져 빚 대신 빼앗기기도 하거든요.

정부와 국회 의원들은 이런 점이 시민 인식, 반려 문화와 맞지 않는다고 판단해 2021년 10월 '동물은 물건이 아니다'라는 내용의 민법 개정안을 국회에 발의하게 돼요. 민법이란 우리들 개인의 생활, 재산, 관계 등을 다루는 법이거든요. 즉, 우리가 살아가는 데 지켜야 할 일들을 정한 법률이라고 볼 수 있어요.

그러나 안타깝게도 법안은 2024년 5월 국회 임기가 마무리될 때까지 심사에서 통과하지 못했어요. 결국 다음 국회에서 다시 법안을 만드는 노력이 필요하게 되었습니다. 다만 시민 10명 중 9명이 동물은 물건이 아니라는 민법 개정안에 찬성하는 것으로 나타났고, 3년 넘게 여러 전문가의 의견을 모아 왔기 때문에 다음 국회에서는 법안이 만들어질 거라는 기대감은 높은 편이에요.

'동물은 물건이 아니다'라는 법안이 만들어지면 지금과 무엇이 달라질까요? 동물이 물건이 아닌 생명체라는 것이 인정되면 무엇보다 동물의 권리는 더욱 강하게 보호받을 수 있습니다. 학대가 발생하더라도 동물을 물건으로 여기던 때와 비교해 가해자에 대한 처벌이 강해질 수 있고, 단순히 재산으로 여겨져 거래됐던 지금의 관행에도 차이가 생기겠죠.

또 보호자들에게도 사육 보호 의무가 더 생길 수 있어요. 동물은 단순히 한 개인의 소유물이 아니라 우리 사회가 함께 보호하고 인정하는 생명체가 되기 때문입니다. 물론 동물 보호 정책과 법,

관리 기준도 강화되면서 동물 복지 수준도 전반적으로 좋아질 것으로 기대할 수 있어요. 어떤가요, 동물이 물건이 아닌 세상이 생각보다 상상하기 쉽죠?

동물이 행복한 세상이 올까요?

여러분은 언제 행복을 느끼나요? 저는 가족과 함께 맛있는 음식을 먹고 평온한 마음가짐으로 친구들과 어울릴 때, 그리고 나의 의지가 꺾이지 않고 원하는 행동을 할 수 있을 때 대체로 행복했던 것 같습니다. 물론 청결하고 안전한 환경에서 쉬고 자고 생활하는 것도 필수적인 일이에요.

우리 주변의 여러 동물을 둘러보면 어떤가요? 모든 동물이 우리가 생각하는 일반적인 행복의 조건을 누리고 있나요? 아마도 그렇지 않을 가능성이 더 큽니다.

인간에게 가장 사랑받는 동물인 개와 고양이는 해마다 10만 마리 이상이 버려져 유기 동물 보호소에 들어옵니다. 길고양이들은 거리에서 더위와 추위, 각종 위협을 이겨 내면서 평균 수명보다 훨씬 짧은 3~5년의 삶을 살아갑니다.

우리가 직접 보기는 어렵지만 식탁 위에서 '음식'으로 만나게 되는 농장 동물들의 처지도 그리 밝지 않습니다. 우리의 상상 속에서는 넓은 초원과 평화로운 농장에서 살고 있어야 할 소와 돼지, 닭들은 좁은 농장에서 서로에게 부대끼다가 어린 시절 생을 마감합니다.

얼마 전 서울대 수의과대학에서 학생들을 가르치는 천명선 교수님을 인터뷰할 기회가 있었습니다. 교수님은 동물과 인간의 관계를 고민하는 '인간 동물학'을 전공한 분입니다. 인간 동물학이란 뭘까요? 저도 궁금해서 여쭤봤더니 이런 답을 들었습니다.

"동물이, 그리고 인간과 동물이 함께 살기 더 좋은 세상을 꿈꾸는 학문입니다."

사람과 동물이 지구에서 살아가며 맺은 관계로 벌어지는 다양한 사회적 현상과 갈등을 탐구하고, 공존을 모색하는 것이 연구 주제라고 해요. 조금 어려운가요? 교수님이 그동안 연구한 주제를 들어 보면 좀 더 이해하기 쉬울 거예요. 교수님은 '수의인문사회학 교실'이란 연구실을 운영하면서 산천어 등 물고기를 축제에 이용하는 문제, 개고기에 대한 시민들의 생각, 섬에서 살다가 육지로 쫓겨난 고양이들에 대한 문제 등에 의견을 내왔어요.

우리가 지금까지 함께 살펴본 주제들과도 조금 비슷하지요. 우리가 가까이서 보고 관찰하기 위해 전시장에 가둔 동물원 동물, 인간의 개발과 영역 확장으로 살 곳을 잃어 가는 야생 동물, 공장식 축산 안에서 태어나 비참한 삶을 살다가 죽는 농장 동물, 작고 귀여운 새끼를 키우고 싶어 하는 사람들을 위해 번식장에서 끝없이 새끼를 낳아야 하는 부모 동물, 그리고 인간을 위해 달리고 싸우고 방치되는 동물까지 모두 사람과 더불어 살며 벌어지는 학대나 희생을 살펴봤잖아요.

물론 동물이 무조건 인간에 이용당하고 착취당하는 것만은 아닙니다. 동물은 우리와 같은 지구의 구성원으로 우리에게 다양한 영향을 미치고, 인간의 생활사나 문화를 바꿔 왔어요. 그럼에도 불구하고 인간이 동물들에게 끼치는 영향력이 훨씬 큰 것은 사실이죠.

그럼 도대체 동물과 인간이 평화롭게 지구에서 공존하려면 어떻게 해야 할까요? 천명선 교수님은 그 답을 "공존은 다른 동물의 고통을 외면하지 않는 것"이라고 했어요. 우리가 동물의 고통을 인지하려면 동물들에게 관심을 가져야 해요. 동물들은 어떤 환경에서 어떻게 살아가고 어떤 본능을 가지고 있는지 혹은 어떤 환경이 적합한지 계속 공부해야 하는 거죠.

때로는 동물 학대 사건을 듣기조차 싫거나 열악한 곳에서 키워지는 동물들의 모습을 피하고 싶은 마음이 들 때도 있을 거예요. 저도 그런걸요. 그 마음을 백번 이해합니다. 하지만 그렇다고 "어차피 동물은 행복하기 어려워."라거나 "동물은 그렇게 태어났기 때문에 별수 없어."라고 자포자기해선 안 돼요.

사람과 동물은 같은 동물로서 지구 시민으로 연결되어 있습니다. 동물이 행복하지 못하면 사람도 행복할 수 없어요. 그러니 우리 함께 용기를 내 봐요. 우리가 고통받고 소외당한 동물의 처지를 외면하고 무관심하면 동물이 행복할 기회는 영영 사라져 버릴지도 모른답니다.

다정한 하루 3_동물권
동물의 행복이 너무 멀어

초판 1쇄 발행 2024년 9월 10일 | **초판 3쇄 발행** 2025년 9월 30일
글 김지숙 | **그림** 원혜진 | **편집** 이해선 | **디자인** 하늘·민 | **제작** 세걸음
펴낸곳 다정한시민 | **펴낸이** 이해선 | **출판신고** 2024년 3월 4일 제 2024-000039호
주소 경기도 고양시 일산동구 중앙로 1305-30 마이다스 오피스텔 605호 | **전화** 070-8711-1130
팩스 070-7614-3260 | **이메일** dasibooks@naver.com | **블로그** blog.naver.com/dasibooks

인쇄·제본 상지사 P&B

ⓒ 김지숙 2024
ISBN 979-11-987002-5-4 (74330) | 979-11-987002-0-9 (세트)

이 도서는 2024 경기도 우수출판물 제작지원 사업 선정작입니다.

이 책은 저작권법에 따라 보호받는 저작물이므로 저작권자와 출판사의 허락 없이 이 책의 내용을 복제하거나 다른 용도로 쓸 수 없습니다.
책값은 뒤표지에 있습니다. 잘못 만들어진 책은 바꾸어 드립니다.
KC마크는 이 제품이 공통안전기준에 적합하였음을 의미합니다. | 사용 연령: 7세 이상 | 종이에 베이거나 긁히지 않도록 조심하세요.